MINISTÈRE DU TRAVAIL ET DE LA PRÉVOYANCE SOCIALE

TEXTE OFFICIEL ET COMPLET DE LA

LOI

SUR LES

ASSURANCES SOCIALES

LOI DU 5 AVRIL 1928

MODIFIÉE PAR LA LOI DU 30 AVRIL 1930

PRIX : 3 frs

Étienne CHIRON, Éditeur

40, rue de Seine — PARIS

LOI SUR LES
ASSURANCES SOCIALES

TITRE PREMIER.

ASSURANCE OBLIGATOIRE

« Article 1er. — Ainsi modifié :

« 1. Les assurances sociales couvrent les risques maladie, invalidité prématurée, vieillesse, décès et comportent une participation
aux charges de famille et de maternité dans les conditions déterminées par la présente loi.

« 2. Sont affiliés obligatoirement aux assurances sociales tous
les salariés de l'un ou l'autre sexe dont la rémunération totale
annuelle, qu'elle qu'en soit la nature, à l'exclusion des allocations
familiales, ne dépasse pas 15.000 fr.

« Ce chiffre limite sera porté à 18.000 fr. dans les villes de plus
de 200.000 habitants et dans les circonscriptions industrielles dont
la liste sera déterminée par décret rendu sur la proposition du
ministre du travail.

« Pour les salariés qui ont des charges de famille au sens fixé
par l'article 20 de la présente loi, le chiffre limite est augmenté de
2.000 fr. s'ils ont un enfant à leur charge, de 4.000 fr. s'ils ont deux
enfants; il est porté à 25.000 fr. s'ils en ont trois ou davantage.

« Ne sont pas considérés comme salariés les enfants : 1° soumis
à l'obligation scolaire qui effectuent un travail salarié non interdit
par le livre II (art. 1er) du code du travail; 2° qui, sans recevoir
de salaires en argent, travaillent chez leurs parents et pour le
compte de ceux-ci.

« Ne sont pas considérées comme salariées les personnes dont
le nombre de journées de travail salarié, accompli habituellement
au cours d'une année, est inférieur à 90.

« 3. L'affiliation s'effectue obligatoirement et sous les sanctions
prévues à l'article 64, à la diligence de l'employeur, dans le délai
de la huitaine qui suit l'embauchage de tout salarié non encore
immatriculé et rentrant dans les conditions du présent article. Elle
est opérée dans le département du lieu de l'établissement dont
dépend le salarié par les soins du service départemental ou exceptionnellement interdépartemental des assurances sociales qui
immatricule l'assuré et lui délivre une carte individuelle d'assurances sociales.

« 4. Sous réserve des conventions diplomatiques, les salariés
étrangers ayant leur résidence réelle et permanente en France et
qui y travaillent dans des conditions régulières depuis trois mois
bénéficient, comme les salariés français, des prestations prévues
par la présente loi, à l'exception des allocations et des fractions
de pensions imputables sur le fonds de majoration et de solidarité
créé par la présente loi.

« 5. Les salariés étrangers ayant leur lieu de résidence à l'étranger et leur lieu de travail permanent en France depuis au moins trois mois bénéficieront, s'il a été passé, à cet effet, une convention avec leur pays d'origine, du régime du paragraphe 4 ci-dessus. »

« *Art.* 2. — Ainsi modifié :

« 1. Les ressources des assurances sociales sont constituées, en dehors des contributions de l'Etat, par des versements pour moitié à la charge de l'assuré et retenus lors de sa paye au moins une fois par mois, et pour moitié à la charge de l'employeur. C'est à ce dernier qu'incombe, pour toute occupation du salarié, sous les sanctions prévues à l'article 64, l'acquittement de cette double contribution sous forme de vignettes ou de timbres apposés, au moins une fois par mois, sur une carte annuelle pour les risques de capitalisation, et sur des feuillets trimestriels, pour les risques de répartition, délivrés gratuitement par le service départemental des assurances sociales. A défaut de présentation par l'assuré desdits cartes et feuillets, la double contribution est représentée par des timbres apposés par l'employeur sur des cartes et feuillets d'un modèle spécial, à déterminer par arrêté, qui lui sont délivrés, sur sa demande, par ce service. La carte annuelle doit être échangée à l'expiration du mois anniversaire de naissance de l'assuré et les feuillets trimestriels doivent être tranmis au service départemental dans les dix premiers jours de chaque trimestre. L'employeur doit mentionner sur les timbres la date de l'apposition; les timbres dépourvus de cette mention sont présumés représenter des versements personnels de l'assuré.

« Le versement de cette contribution pourra, dans les conditions à fixer par décret, s'opérer par tout autre mode de libération.

« Les employeurs qui n'ont pas représenté sur les cartes et feuillets susvisés les versements prescrits dans les délais fixés sont passibles, à compter du premier jour du mois suivant celui dans lequel le payement était exigible, d'intérêts de retard calculés au taux de 0,50 p. 100 par mois, sans préjudice des dispositions de l'article 64 ci-après.

« 2. Les assurés sont répartis annuellement en cinq catégories, les cotisations et les prestations sont fixées dans chacune de ces cinq catégories d'après un salaire de base. Ces cinq catégories, le salaire de base, la cotisation journalière et hebdomadaire, mensuelle, annuelle, afférente à chacune d'elles, sont ainsi fixées :

Voir tableau ci-contre :

« 3. Le risque invalidité étant provisoirement assuré par le fonds de majoration et de solidarité, le montant de la double cotisation qui représente en moyenne, pour chaque catégorie, 8 p. 100 du salaire annuel de base, est divisé en deux parts égales. Ces deux parts, sous réserve de certains prélèvements, sont destinées, l'une à la couverture du risque vieillesse, l'autre à la garantie des risques de répartition, maladie, maternité, décès, soins aux invalides.

« 4. Un décret déterminera les règles d'évaluation par le service départemental, ou exceptionnellement interdépartemental d'assurances, de la rémunération totale annuelle, des salaires et, spécialement, du salaire des assurés qui travaillent à façon, aux pièces, à la tâche, à domicile, qui sont rémunérés à l'aide de pourboires, ou de commissions, suivant le chiffre d'affaires ou ne travaillent qu'une seule fois ou par intermittence pour le compte d'un même

LIMITES DE SALAIRES RÉELS par catégories.	SALAIRE quotidien de base	COTISATIONS											
		Journalière.			Hebdomadaire.			Mensuelle			Annuelle.		
		Assuré.	Employeur	Total	Assuré	Employeur	Total	Assuré	Employeur	Total	Assuré	Employeur	Total
	francs.	fr. c.	fr. c.	fr. c.	fr. c.	fr. c.	francs	francs.	francs	francs	francs	francs	francs
1re catégorie. Au-dessous de 8 fr. (1 à 2.399 fr.).	6	0 25	0 25	0 50	1 50	1 50	3	6	6	12	72	72	144
2e catégorie. De 8 fr. à 14 fr. 99 (2.400 à 4.499 fr.)	12	0 50	0 50	1 »	3 »	3 »	6	12	12	24	144	144	288
3e catégorie. De 15 fr. à 19 fr. 99 (4.500 à 5.999 fr.)	18	0 75	0 75	1 50	4 50	4 50	9	18	18	36	216	216	432
4e catégorie. De 20 fr. à 31 fr. 99 (6.000 à 9.599 fr.)	24	1 »	1 »	2 »	6 »	6 »	12	24	24	48	288	288	576
5e catégorie. De 32 fr. et plus (9.600 fr. et plus).	36	1 75	1 75	3 50	10 »	10 »	20	40	40	80	480	480	960

employeur, quand la durée de chaque période de travail est de moins d'une journée; il déterminera les conditions des versements afférents à ces salaires.

« 5. Le travailleur à domicile rémunéré à façon, aux pièces ou à la tâche, si lui-même est assuré obligatoire vis-à-vis du fabricant pour le compte duquel il travaille, n'est point tenu au versement des contributions patronales afférentes à l'emploi des ouvriers qui travaillent avec lui pour ledit fabricant. Ces contributions sont à la charge de ce même fabricant.

« 6. Pour chaque salarié, assuré ou non, dont la rémunération totale annuelle est supérieure au salaire limite fixé à l'article 1er, paragraphe 2, et inférieure à 25.000 francs, l'employeur verse au fonds de majoration et de solidarité une contribution annuelle dont le montant est déterminé annuellement par un décret rendu sur la proposition du ministre du travail et du ministre des finances. Cette contribution ne peut être inférieure au tiers ni supérieure aux deux tiers de celle que l'employeur aurait à payer pour un assuré touchant une rémunération totale annuelle de 18.000 francs.

« Les contributions patronales ainsi visées sont totalisées à un compte spécial du fonds de majoration et de solidarité et leur montant est exclusivement réservé : 1° au payement de la cotisation patronale en ce qui concerne les salariés chargés de famille visés au paragraphe 2 de l'article 1er de la présente loi; 2° éventuellement au service des indemnités pour charges de famille fixées par l'article 20 ci-après.

« 7. La contribution de l'employeur reste exclusivement à sa charge, toute convention contraire étant nulle de plein droit.

« 8. Aux versements obligatoires, les salariés ou leurs employeurs peuvent ajouter, sans limitation de valeur, des versements facultatifs qui donnent droit à des avantages supplémentaires dans des conditions qui seront fixées par décret.

« En ce qui concerne les adhérents des caisses d'assurances sociales fondées par les sociétés ou unions de sociétés de secours mutuels, les versements facultatifs prévus à l'alinéa précédent sont effectués directement à celles-ci et les avantages supplémentaires qui en résultent sont garantis dans les conditions de leurs statuts.

« 9. Les assurés qui, en dehors des cas de chômage involontaire prévus à l'article 21, ne se livrent que par intermittence à un travail salarié pourront, dans les conditions à fixer par un décret, effectuer des versements facultatifs afférents aux journées qui n'ont pas donné lieu à rémunération, sans cesser d'être considérés comme des assurés obligatoires, à condition qu'ils justifient annuellement d'au moins quatre-vingt-dix jours de travail salarié et que ces versements soient au moins égaux, pour chaque jour, au montant de la cotisation totale correspondant au salaire moyen journalier défini par le même décret.

« 10. En vue d'éviter de perdre leurs droits, les assurés obligatoires peuvent, dans les conditions à fixer par un décret, effectuer des versements facultatifs pour les journées de maladie ou de chômage qui ne donnent pas lieu au payement des cotisations. Ces versements doivent être égaux au montant de la cotisation totale correspondant au salaire moyen journalier défini par le même décret.

« 11. Le produit de la vente des timbres « assurances sociales » est versé par l'administration des postes et des télégraphes, dans les conditions fixées par décret rendu sur la proposition du ministre des finances et du ministre du travail, à la caisse des dépôts et consignations, qui le porte à un compte de dépôts ouvert dans ses écritures au titre : « Ministère du travail. — Produit de la vente des timbres pour les assurances sociales ». Cette caisse est chargée de la gestion du fonds spécial ainsi institué. Elle doit, sur les indications des services départementaux des assurances sociales, transférer sans retard à chaque caisse d'assurance les sommes qui lui reviennent sur ledit fonds spécial.

« 12. Les revenus du fonds spécial sont répartis par la caisse des dépôts et consignations, à la fin de chaque année, entre les diverses caisses d'assurance, au prorata des sommes attribuées à chacune d'elles pendant ladite année, en représentation du montant des timbres apposés sur les cartes de leurs adhérents. »

« *Art.* 3. — Ainsi modifié :

« 1. L'assujettissement obligatoire aux assurances sociales cesse à l'âge de soixante ans. Le salarié a la faculté d'ajourner, d'année en année, la liquidation de ses droits à la retraite. Il demeure, s'il continue à travailler, assuré dans les conditions de la présente loi contre les risques maladie et décès. Le fonds de majoration ne sera tenu, en aucun cas, de majorer la rente viagère de vieillesse acquise par l'intéressé au delà du minimum de pension prévu à l'article 15, paragraphes 1er et 2.

« 2. L'assuré retraité pour vieillesse qui continue à travailler est exonéré de toute retenue à sa charge.

« 3. La contribution patronale est due pour l'emploi de tout salarié français ou étranger rentrant dans les conditions des articles premier, paragraphe 2, et 2, paragraphe 6 : a) dont la retraite de vieillesse constituée sous un régime résultant de dispositions légales ou réglementaires, est liquidée ou en instance de liquidation; b) âgé de soixante ans, ou plus, qui ne bénéficierait d'aucune retraite constituée dans ces conditions. »

« Cette contribution est versée au fonds de majoration et de solidarité sous les sanctions prévues à l'article 64, dans les formes et les délais fixés par le règlement général d'administration publique.

Risque-maladie.

« *Art.* 4. — Ainsi modifié :

« 1. L'assurance-maladie couvre les frais de médecine générale et spéciale, les frais pharmaceutiques et d'appareils, les frais d'hospitalisation et de traitement dans un établissement de cure et les frais de transport, d'interventions chirurgicales nécessaires pour l'assuré, son conjoint, leurs enfants à charge non salariés âgés de moins de seize ans et les pupilles de la nation remplissant les mêmes conditions dont l'assuré est tuteur, selon les modalités suivantes :

« Ne bénéficie pas des prestations prévues au présent paragraphe le conjoint d'un ou d'une assuré obligatoire, lorsque son revenu commercial déclaré dépasse le maximum prévu à l'article 37.

« En ce qui concerne la prothèse dentaire, l'assuré n'aura droit qu'à la prestation d'appareils fonctionnels et thérapeutiques ou nécessaires à l'exercice d'une profession.

« La délivrance de ces appareils sera soumise à la décision préalable d'une commission technique.

« 2. L'assuré choisit librement son praticien.

« 3. Les consultations médicales sont données au domicile du praticien, sauf lorsque l'assuré ne peut se déplacer en raison de son état.

« 4. La part contributive garantie par les caisses, sous réserve des conditions prévues à l'article 33, dans le prix de l'acte médical, est établie par les caisses, compte tenu des tarifs médicaux syndicaux minima pratiqués dans la région.

« Cette part contributive est avancée ou remboursée par la caisse à l'assuré; elle est inscrite, ainsi que les modalités d'application de la loi et toutes autres conditions jugées utiles, dans les conventions passées entre les caisses et les syndicats professionnels.

« Les caisses ne pourront passer des conventions qu'avec des syndicats professionnels habilités par leurs groupements nationaux, cette habilitation devant être approuvée par le conseil supérieur des assurances sociales.

« Dans le cas où un avis défavorable à l'habilitation aurait été donné par le groupement national intéressé, le syndicat professionnel pourra faire appel devant la section médico- pharmaceutique ou conseil supérieur des assurances sociales. Au cas où cette section confirme l'avis du groupement national, il n'y a pas lieu à habilitation. Dans le cas contraire, il est prononcé sur l'habilitation, comme il est dit plus haut, par le conseil supérieur des assurances sociales.

« 5. La participation de l'assuré au tarif de responsabilité établi dans les conventions est fixé à 15 % pour les deux premières catégories d'assurés et à 20 p. 100 pour les autres et réalisée suivant les modalités fixées dans les conventions prévues au paragraphe précédent du présent article. Le taux de la participation aux frais pharmaceutiques et autres est uniformément fixé à 15 p. 100. Un décret déterminera les conditions d'exécution des présentes dispositions.

« Le total des frais médicaux et pharmaceutiques ne pourra, en aucun cas, excéder par journée de maladie, à partir de la première constatation médicale, 50 p. 100 de la moyenne journalière générale des salaires de base ayant, l'année précédente, donné lieu dans chaque caisse à cotisation. En cas de maladie exigeant un traitement spécial, le maximum précité pourra être dépassé conformément aux dispositions du paragraphe 7, alinéa 3, du présent article.

« 6. Après expérience d'au moins deux années, toute caisse d'assurance pourra être autorisée, sur sa demande et après avis favorable du conseil supérieur des assurances sociales, à réduire le pourcentage de participation des assurés ou d'une partie d'entre eux aux prestations en nature ainsi que le délai de carence prévu à l'article 5. Le fonds de majoration et de solidarité pourra être appelé à participer aux dépenses résultant de la diminution du pourcentage.

« 7. Au cas où les caisses ne pourraient pas conclure avec les syndicats médicaux les conventions prévues au paragraphe 4 ci-dessus, elles pourraient, soit prendre à leur charge une part forfaitaire du prix de tout acte médical dans les conditions d'un tarif de responsabilité établi par elles, soit verser à l'assuré malade ou à ses ayants droit une indemnité forfaitaire journalière de soins pour les maladies ne comportant ni intervention chirurgicale, ni hospitalisation.

« Le minimum de cette indemnité journalière sera égal à 20 p. 100 de la moyenne générale des salaires de base ayant, l'année précédente, donné lieu à cotisation. Dans ce cas, la retenue de 15 à 20 p. 100 à la charge de l'assuré, prévue au paragraphe 5, ne saurait jouer. Le minimum d'indemnité journalière pourra être fixé par les caisses à un taux plus élevé, sous leur responsabilité propre et sans pouvoir faire appel à la réassurance pour les excédents de dépenses correspondants.

« De plus, des indemnités supplémentaires devront être versées à l'assuré lorsque le déplacement du médecin sera nécessaire, ou lorsque le médecin traitant et la caisse estimeront d'un commun accord que la maladie exige un traitement spécial ou si, en cas de désaccord, il en est ainsi décidé par la commission technique prévue à l'article 7, paragraphe 3.

« 8. Les indemnités prévues au présent article sont dues à partir de la date du début de la maladie ou du traitement de prévention qui est celle de la première constatation médicale et pendant une période de six mois.

« 9. L'assuré dont l'état nécessite des soins préventifs ou qui est atteint d'une maladie ne comportant pas la cessation du travail, recevra les indemnités spéciales, qui seront prévues dans le règlement intérieur de la caisse.

« 10. Toute rechute survenue dans les deux mois de l'affection est considérée comme la continuation de la maladie primitive.

« 11. Tous les cinq ans, l'assuré malade ou non sera autorisé à se soumettre à un examen de santé dont les conditions seront fixées dans les conventions prévues au paragraphe 4 du présent article ou, en l'absence de conventions, dans un règlement spécial établi par les caisses.

« 12. Les caisses d'assurances sociales ne peuvent faire appel à la réassurance pour les excédents de dépenses résultant de l'application d'un tarif de responsabilité supérieur à celui qui, compte tenu des tarifs syndicaux minima, sera arrêté par le ministre du travail après avis du conseil supérieur des assurances sociales. »

« *Art. 5.* — Ainsi modifié :

« 1. Si l'assuré malade ne peut, d'après attestation médicale, continuer ou reprendre le travail, il a droit, à partir du sixième jour qui suit le début de la maladie ou l'accident et jusqu'à la guérison ou jusqu'à l'expiration des six mois prévus à l'article 4, à une indemnité par jour ouvrable égale à la moitié du salaire de base de la catégorie dans laquelle le classent les cotisations obligatoires.

« Cette indemnité est due à partir du quatrième jour si l'assuré a au moins trois enfants ou pupilles de la nation à sa charge dans les conditions prévues à l'article 20.

« 2. Pour avoir droit ou ouvrir droit aux prestations en nature et en argent, l'assuré devra avoir cotisé soixante jours durant les trois mois antérieurs ou deux cent quarante jours durant les douze mois précédant la maladie, les journées de maladie indemnisées étant décomptées comme journées de cotisation.

« 3. Lorsque la maladie a duré plus de quinze jours, la caisse d'assurance verse, pour chaque jour ouvrable, à partir du seizième, au compte de l'assuré à qui elle sert une indemnité, la moitié de la fraction de cotisation qui devra être affectée au risque-vieillesse. Cette fraction est déterminée d'après le salaire de base qui sert au calcul de l'indemnité journalière de maladie. »

« *Art.* 6. — Ainsi modifié :

« 1. L'assuré a droit aux consultations et aux traitement dans les dispensaires, cliniques, établissements de cure et de prévention dépendant de la caisse d'assurances dont il reçoit les secours de maladie ou ayant passé des contrats avec elle.

« L'organisation et le fonctionnement technique des établissements fondés par les caisses seront réalisés par les conseils d'administration des caisses, après avis des syndicats médicaux intéressés, lorsque les syndicats auront passé une convention collective avec les caisses. Celles-ci devront demander par lettre recommandée l'avis des syndicats intéressés, lequel devra être donné dans un délai d'un mois. En cas de désaccord, ces syndicats pourront, dans le délai fixé ci-dessus, saisir la commission tripartite prévue à l'article 7, paragraphe 5, laquelle statuera dans un délai de deux mois.

« Les caisses d'assurances sociales pourront passer des contrats avec les sociétés ou unions de sociétés de secours mutuels ayant créé des œuvres sociales dans les conditions de l'article 8, alinéa 7, de la loi du 1er avril 1898, modifiée en vue d'en faire bénéficier leurs adhérents assurés de la présente loi.

« 2. En cas d'hospitalisation, les frais à supporter par la caisse, abstraction faite des honoraires médicaux, seront contenus dans des limites qui ne dépasseront pas les tarifs pratiqués dans les établissements hospitaliers de l'assistance publique à l'égard des malades admis au tarif le plus bas des malades payants.

« 3. L'allocation à laquelle l'assuré peut prétendre est réduite, en cas d'hospitalisation :

« Du tiers, si l'assuré a un ou plusieurs enfants de moins de seize ans, ou bien s'il a un ou plusieurs ascendants à sa charge;

« De la moitié, si l'assuré est marié sans enfant ni ascendant à sa charge;

« Des trois quarts, dans tous les autres cas. »

« *Art.* 7. — Ainsi modifié :

« 1. La caisse exerce un contrôle général sur l'ensemble des services, les administrations hospitalières sur leurs établissements. Dans le cas où existe une convention avec la caisse, les syndicats professionnels contrôlent eux-mêmes, soit sur la demande de la caisse, soit sur leur initiative, la façon dont les services techniques sont assurés

« 2. Tout bénéficiaire de l'assurance maladie doit se prêter aux contrôles institués dans les conditions prescrites par le règlement général d'administration publique. L'intéressé peut toutefois exiger qu'ils s'effectuent en présence du médecin traitant. En cas de refus constaté, les prestations sont suspendues et notification en est faite à l'intéressé.

« 3. Si une contestation s'élève en ce qui concerne l'état du malade entre l'assuré et la caisse, cet état est apprécié par une commission technique composée du médecin traitant, d'un médecin désigné par la caisse et d'un médecin choisi par le juge de paix. S'il s'agit d'incapacité permanente, ce troisième médecin sera un médecin expert désigné par le président du tribunal civil. En cas d'abus, la caisse poursuit le remboursement des frais inutiles.

« 4. Les prescriptions médicamenteuses sont laissées à l'initiative des médecins qui conservent la liberté d'ordonner les médicaments conformes aux lois existantes.

« Une commission spéciale sera prévue au règlement d'administration publique, avec mission d'établir et de maintenir à jour la liste des médicaments spécialisés autorisés.

« 5. Les conventions passées entre la caisse et les syndicats professionnels de praticiens et avec les établissements de soins et les tarifs de responsabilité établis par les caisses dans les conditions prévues à l'article 4, paragraphes 4 et 7, sont soumises à une commission fonctionnant au chef-lieu du département, composée pour le premier tiers de représentants de caisses, pour le second tiers de représentants des groupements professionnels, et, pour le dernier tiers, de représentants des ministres du travail et de la santé publique, y compris les commissions administratives des hôpitaux et hospices publics. Sauf pour le contrôle du service technique, elle est chargée, en outre, de prévenir et de régler les difficultés dans les divers services ou entre eux, et de prendre toutes les sanctions nécessaires, avec appel devant la section permanente du conseil supérieur des assurances sociales. En particulier, elle arbitrera, sous réserve d'appel, devant la section permanente, les litiges qui naîtraient, entre les parties contractantes, de l'application desdites conventions. »

« *Art.* 8. — Ainsi modifié :

« Ne donnent pas lieu aux prestations en nature et en argent, sous réserve de l'application de l'article 60 ci-après :

« Les maladies et les blessures indemnisées ou susceptibles d'être indemnisées par application des dispositions légales relatives aux accidents du travail.

« 2. Ne donnent pas lieu aux prestations en argent : les maladies, blessures ou infirmités résultant de la faute intentionnelle de l'assuré.

« 3. Les blessures et les maladies visées par la législation sur les pensions militaires sont garanties suivant les conditions fixées aux articles 51 et 54.

Maternité.

« *Art.* 9. — 1. Au cours de la grossesse et des six mois qui suivent l'accouchement, l'assurée et la femme de l'assuré bénéficient des prestations médicales et pharmaceutiques, dans les conditions et limites fixées par les articles 4 et 5.

« 2. Six semaines avant l'accouchement, six semaines après, l'assurée jouit de plein droit de l'indemnité journalière visée à l'article 5, à la condition qu'elle cesse tout travail salarié durant cette période et qu'elle ait cotisé soixante jours pendant les trois mois, ou deux cent quarante jours pendant les douze mois qui ont précédé l'état de grossesse.

« 3. En cas de grossesse pathologique de l'assurée, entraînant application des assurances maladie, invalidité, l'assurance-maladie court à partir de la constatation de l'état morbide. Les dispositions de l'article 10 reçoivent application six mois après l'accouchement.

« 4. L'assurée qui allaite son enfant et qui remplit les conditions fixées par l'article 5, paragraphe 2, a droit, durant la période d'allaitement et pendant neuf mois au maximum, à une allocation mensuelle de 150 fr. pendant les quatre premiers mois; de 100 fr. pendant le cinquième et le sixième, et de 50 fr. du septième au neuvième.

« 5. L'assurée qui, par suite d'incapacité physique ou de maladie, est dans l'impossibilité constatée par le médecin d'allaiter complètement son enfant, peut, si l'enfant est élevé chez elle, recevoir, pour la durée et pour les quantités indiquées par le médecin, des bons de lait, dont la valeur n'excèdera, dans aucun cas, les deux tiers de la prime d'allaitement.

« 6. Le payement des allocations ci-dessus visées est subordonné à l'observation, par le bénéficiaire, des prescriptions qui doivent être faites par la caisse d'assurances, notamment en ce qui concerne les visites périodiques à domicile et la fréquentation régulière des consultations maternelles et des consultations de nourrissons.

Risque-invalidité.

« *Art.* 10. — Ainsi modifié :

« 1. L'assuré qui, à l'expiration du délai de six mois, prévu à l'article 4, ou en cas d'accident non régi par la loi sur les accidents du travail, après consolidation de la blessure, reste encore atteint, suivant attestation médicale, d'une affectation ou d'une infirmité, réduisant au moins des deux tiers sa capacité de travail, a droit, d'abord à titre provisoire, puis, s'il y a lieu, à titre définitif, à une pension d'invalidité.

« 2. Jusqu'à l'établissement d'un nouveau barème, le degré d'invalidité est estimé provisoirement d'après le barème en usage pour l'application de la loi du 31 mars 1919 sur les pensions, complété ou modifié, par arrêté du ministre du travail, après avis de la section permanente du conseil supérieur des assurances sociales.

« 3. Si l'assuré conteste le pourcentage d'incapacité qui lui a été notifié dans les formes à fixer par décret ou si la caisse estime qu'un nouvel examen de son dossier est nécessaire, l'état d'incapacité est apprécié par la commission technique, prévue à l'article 7, paragraphe 3, avec appel devant la section permanente du conseil supérieur des assurances sociales.

« 4. Pour l'assuré affilié avant l'âge de trente ans, la pension est égale à 40 p. 100 au moins du salaire annuel moyen résultant des cotisations obligatoires payées, chaque année, avant l'âge de seize ans, si l'assuré n'a pas atteint cet âge, et depuis l'âge de seize ans, si l'assuré a dépassé cet âge. Ce taux est augmenté, jusqu'à concurrence de 50 p. 100, de 1 p. 100 du salaire pour chaque année d'assurance en plus de trente ans de versements, et correspond au minimum de 240 cotisations journalières.

« 5. Pour l'assuré qui a été immatriculé après l'âge de trente ans, ladite pension de 40 p. 100 du salaire annuel moyen de base est réduite d'un trentième par année ou fraction d'année d'âge comprise entre trente ans et l'âge d'entrée, sans pouvoir être inférieure à 1.000 fr. si l'assuré compte au moins six ans de versements.

« Si l'assuré ne justifie pas de six ans de versements, la pension minima prévue à l'alinéa précédent sera diminuée de 100 fr. par année ou fraction d'année au-dessous de six ans, sans que le chiffre de la pension puisse descendre au-dessous de 600 fr. ou dépasser les deux tiers du salaire de base. Sont seules considérées comme années de versements, celles correspondant à un minimum de 240 cotisations journalières.

« 6. Pour l'assuré qui ne compte pas trente années entières

d'assurance et qui a interrompu ses versements pendant une année ou plus, la pension d'invalidité est réduite d'un trentième par année d'interruption ou par fractions réunies d'année équivalant au moins à une année entière.

« *Art.* 11. — Ainsi modifié :

« Pour invoquer le bénéfice de l'assurance-invalidité, l'assuré doit être immatriculé depuis deux ans au moins avant la maladie et, par suite, posséder à son compte d'assuré les versements correspondant au moins à quatre cent quatre-vingts cotisations journalières durant les deux ans précédant le début de l'affection ou de l'accident. »

« *Art.* 12. — 1. La pension d'invalidité est fixée, à titre provisoire, pour une durée de cinq années.

« 2. Pendant cette période, l'assuré bénéficie des dispositions de l'article 4, en ce qui concerne les soins médicaux et pharmaceutiques. Les règles fixées par l'article 6, paragraphe 3, sont applicables sous les modalités suivantes :

« 3. Pendant cette même période, et sous peine de voir sa pension suspendue, le pensionné doit se soumettre aux visites médicales qui, à toute époque, peuvent être demandées par la caisse d'assurances. On considérera qu'il y a refus d'examen, si l'invalide ne répond pas à la convocation par lettre recommandée du médecin de la caisse ou s'oppose à la visite de celui-ci, s'il s'agit d'un invalide ne pouvant quitter la chambre.

« 4. Les frais de déplacement de l'assuré ou du pensionné qui, pour répondre à la convocation du médecin désigné par la caisse ou de l'expert médical, doit quitter la commune où il réside, sont à la charge de la caisse. Le tarif de ces frais sera fixé par département dans les conditions arrêtées par décret, après avis de la commission tripartite prévue à l'article 7, paragraphe 5.

« 5. La pension est supprimée si la capacité de travail devient supérieure à 50 %. Cette suppression prend effet de la date de la constatation médicale.

« 6. A l'expiration de la période provisoire de cinq années et après expertise médicale, la pension est maintenue. Toutefois, après un nouveau délai de cinq ans, le pensionné devra, sur la demande de la caisse, se soumettre à une dernière expertise médicale. Si, à la suite de cette expertise, la capacité de travail est reconnue supérieure à 50 p. 100, la pension est supprimée.

« 7. Si le titulaire d'une pension d'invalidité travaille, la fraction de cotisation affectée à l'assurance-invalidité est portée à un compte individuel d'assurance-vieillesse.

« 8. Un décret fixera, chaque année, la fraction de cotisation à affecter à la couverture des pensions d'invalidité, d'après des tables tenant compte de la probabilité d'entrée en invalidité aux divers âges et de la mortalité des invalides.

« Jusqu'au 1er avril 1934, le fonds de majoration et de solidarité remboursera aux caisses d'assurance-vieillesse le montant des rentes d'invalidité mises à leur charge.

« A partir du 1er avril 1934, les cotisations prévues par l'article 3 de la présente loi seront majorées de 1/8. A partir du 1er avril 1940, elles seront majorées d'un autre huitième.

« 9. La rente viagère d'assurance-vieillesse du titulaire d'une pension d'invalidité est liquidée, soit normalement à l'âge de soixante ans, soit, avec une réduction, dès la liquidation définitive de la pension d'invalidité en cas d'incapacité permanente et absolue de travail. Dans les deux cas, elle entre en compte dans le chiffre de la pension d'invalidité. »

Risque-vieillesse.

« *Art.* 13. — 1. L'assurance-vieillesse garantit une pension de retraite au salarié qui a atteint l'âge de soixante ans.

« 2. L'assuré peut ajourner la liquidation de sa pension. Pour les assurés de la période transitoire, un délai minimum de cinq ans de versements est exigé pour ouvrir le droit à la pension de retraite. »

« *Art.* 14. — Ainsi modifié :

« 1. Sur le montant de la double contribution prévue à l'article 2, il est affecté à la constitution d'une rente viagère de vieillesse au profit de l'assuré, une somme fixée annuellement par décret et qui ne sera pas inférieure à 3,60 p. 100 du salaire de base pour les assurés ayant atteint ou dépassé trente ans et à 2 p. 100 du salaire de base pour les assurés n'ayant pas atteint cet âge; pour les assurés ayant atteint ou dépassé trente ans, la différence éventuelle entre la part affectée au risque vieillesse en vertu de l'article 2, paragraphe 3, et la somme fixée par décret sera versée au fonds de majoration et de solidarité; pour les autres, la même différence est versée jusqu'à concurrence de 1,60 p. 100 du salaire de base au fonds de majoration et de solidarité et, pour le surplus, au fonds de garantie et de compensation. Les versements sont capitalisés à un compte individuel d'assurance à capital aliéné ou réservé au gré de l'assuré.

« 2. Les tarifs d'assurance-vieillesse sont calculés, dans les conditions déterminées par le règlement général d'administration publique, d'après le taux d'intérêt des placements et, provisoirement, suivant la table de mortalité de la population masculine et féminine, établie par la statistique générale de la France, table dite P. M. F.

« Toutefois, après dix ans d'expérience, les caisses d'assurances vieillesse ou d'assurances vieillesse et invalidité, dont les adhérents seraient reconnus appartenir en majorité à la métallurgie, à la verrerie, aux produits chimiques ou autres professions analogues entraînant une mortalité supérieure à celle prévue par la table P. M. F. pourront être autorisées à faire usage de tarifs spéciaux approuvés par le ministre du travail.

« Une liste de ces professions sera dressée par les soins du conseil supérieur de statistique, de la commission supérieure des maladies professionnelles et du comité consultatif des assurances contre les accidents du travail et approuvée par le ministre du travail.

« En aucun cas, l'application de ces tarifs ne pourra entraîner un relèvement des charges normales du fonds de majoration et de solidarité.

« 3. Le taux d'intérêt des tarifs est gradué par chiffre pair de décimes. Les tarifs comportent des prorata au décès. Ils ne comprennent que des âges entiers, les versements étant considérés comme effectués par les intéressés à l'âge qu'ils ont accompli au cours de l'année dans laquelle les versements sont reçus par l'organisme d'assurance.

« 4. Les tarifs ne comportent pas de chargement pour les frais d'administration des divers organismes; ceux-ci sont couverts par le fonds de majoration et de solidarité. »

« *Art.* 15. — Ainsi modifié :

« 1. Pour tout assuré pouvant justifier, à l'âge de soixante ans, ou jusqu'à l'âge de soixante-cinq ans, d'au moins trente années entières de versements correspondant chacune à un minimum de deux cent quarante cotisations journalières, la pension de vieillesse ne sera pas inférieure à 40 p. 100 du salaire moyen annuel de base résultant des cotisations d'assurés obligatoires payées chaque année depuis l'âge de seize ans.

« La pension est augmentée d'un dixième pour tout assuré de l'un ou de l'autre sexe ayant élevé au moins trois enfants jusqu'à l'âge de seize ans. Lorsque le père et la mère ont droit en même temps à la majoration de 10 p. 100, il n'est attribué qu'une majoration de 10 p. 100 portant sur la pension dont le montant est le plus élevé.

« 2. Pour les assurés de la période transitoire qui, depuis la mise en vigueur de la loi, auront effectué chaque année sur les salaires professionnels qui constituent leurs principales ressources, les versements correspondant au moins à deux cent quarante jours de travail, la pension de vieillesse, calculée conformément aux paragraphes 1er et 2, sera égale à autant de trentièmes de la pension normale que l'assuré aura effectué d'années de versements, sans que le chiffre puisse être inférieur à 600 fr. Pour le calcul du minimum, les versements sont considérés comme effectués à capital aliéné.

« 3. Les salariés, âgés de soixante à soixante-cinq ans au moment de la mise en vigueur de la loi, non bénéficiaires ou non susceptibles de bénéficier d'une allocation ou d'une bonification de la loi du 5 avril 1910, et qui, continuant à travailler, rentrent dans les conditions de l'article 1er, paragraphe 2, pourront entrer dans l'assurance obligatoire, pour le risque vieillesse seulement, en versant, pour les professions autres que les professions agricoles, la cotisation ouvrière totale prévue à l'article 2, paragraphe 2, et, pour les professions agricoles et assimilées, une cotisation égale à la moitié de la précédente.

« Ceux qui auront effectué ces versements pendant cinq ans, dans les conditions prescrites par la loi, auront droit à un minimum garanti de pension de 500 francs.

« *Art.* 16. — La pension est payable par trimestre échu. Les arrérages sont dus à partir du premier jour du mois qui suit celui au cours duquel l'assuré a atteint l'âge servant de base à la liquidation.

« *Art.* 17. — Ainsi modifié :

« L'assuré peut demander la liquidation anticipée de sa pension à partir de l'âge de 55 ans s'il a versé pendant 25 ans au moins depuis l'âge de seize ans. Cette dernière condition n'est pas exigée des anciens combattants titulaires de la carte. Toutefois, les minima garantis sont l'objet d'une liquidation ramenée à ce même âge et réduits en conséquence. »

« *Art*. 18. — Ainsi modifié :

« 1. L'assuré qui réclame la liquidation de sa pension de vieillesse à capital aliéné peut demander :

« a) D'affecter la valeur du capital de sa rente viagère, pour la partie excédant 1.000 francs de rente, à l'acquisition d'une terre ou d'une habitation, qui deviendra inaliénable et insaisissable dans les conditions déterminées par la législation sur la constitution d'un bien de famille insaisissable. Ce remploi est subordonné à l'acceptation de la caisse d'assurance et doit être effectué sous son contrôle;

« b) Que le capital représentatif de sa pension serve à la constitution d'une rente reversible pour moitié sur la tête de son conjoint survivant, avec jouissance pour ce dernier au plus tôt à cinquante-cinq ans. Dans ce cas, la pension subira une réduction qui sera calculée d'après les tables et tarifs déterminés par le règlement général d'administration publique et de telle manière qu'il n'en résulte pour la caisse aucune charge supplémentaire.

« 2. L'assuré qui demande la liquidation de sa pension peut conserver pour lui et son conjoint le bénéfice de l'assurance-maladie.

« A cet effet, il doit, dès la liquidation de sa pension, verser chaque mois à sa caisse d'assurance une cotisation mensuelle de 15 fr. au moins; il aura droit aux prestations en nature de la présente loi.

« Sur les ressources prévues à l'alinéa ci-après, le fonds de majoration et de solidarité verse trimestriellement à la caisse d'assurance une subvention égale à 6 fr. par mois.

« L'Etat rembourse, chaque année, au fonds de majoration, le montant des dépenses supportées par lui de ce chef. »

Risque-décès.

« *Art*. 19. — 1. L'assurance-décès garantit aux ayants droits de l'assuré le paiement, à son décès, d'un capital fixé à 20 p. 100 de son salaire annuel moyen, évalué comme il est dit à l'article 10, paragraphe 4.

« 2. Ce capital ne sera pas inférieur à 1.000 fr., lorsqu'il s'agit d'un assuré qui, depuis son immatriculation, a régulièrement effectué les versements annuels. Toutefois, le capital ne pourra dépasser les deux tiers du salaire réel du décédé.

« 3. Le versement du capital sera fait au conjoint survivant ou aux descendants ou, à leur défaut, aux ascendants qui étaient, au jour du décès, à la charge de l'assuré.

« 4. Pour ouvrir le droit à l'assurance-décès, l'assuré doit avoir été immatriculé depuis un an au moins et satisfaire aux conditions prévues à l'article 5, paragraphe 2, de la présente loi.

Charges de famille.

« *Art*. 20. — 1. Les assurances sociales contribuent aux charges de famille de l'assuré, à l'aide d'allocations payées par le fonds de majoration et de solidarité.

« 2. Par charges de famille, on entend les enfants de plus de six semaines et de moins de seize ans, non salariés, à la charge de l'assuré, qu'ils soient légitimes, naturels, reconnus, recueillis, adoptifs ou pupilles de la Nation dont l'assuré est tuteur et qui sont à sa charge.

« 3. Les allocations sont dues en cas de maladie, d'invalidité, de grossesse ou de décès et représentant pour chaque enfants :

« 1° Une majoration de l'indemnité journalière égale à 1 fr.;

« 2° Une majoration de pension d'invalidité fixée à 100 fr. par an;

« 3° Une majoration du capital au décès égale à 100 fr.

« 4. Lorsque, dans une famille, le mari et la femme ont droit en même temps aux prestations des assurances, il n'est attribué qu'une majoration pour charges de famille.

« 5. Les veuves des assurés ayant au moins trois enfants vivants, légitimes, reconnus ou adoptifs, de moins de treize ans, qui étaient à la charge de l'assuré et qui restent à leur charge, ont droit à une pension temporaire d'orphelin pour chacun de leurs enfants de moins de treize ans au delà du second.

« Lorsque les enfants d'un assuré ou d'une assurée sont orphelins de père et de mère, chacun de ceux d'entre eux qui sont âgés de moins de treize ans a droit à une pension temporaire d'orphelin.

« Sont assimilés aux enfants de moins de treize ans, ceux de moins de seize ans pour lesquels il sera justifié qu'il a été passé un contrat écrit d'apprentissage ou qu'ils poursuivent des études dans des établissements d'enseignement publics ou privés ou qu'ils sont infirmes ou atteints d'une maladie incurable, sauf le cas où ils seraient hospitalisés aux frais de l'Etat, du département ou de la commune.

« Ces dispositions ne s'appliquent qu'aux assurés ayant versé au moins une année de cotisation.

« 6. Les pensions d'orphelins prévues par la présente loi se cumuleront avec les allocations de la loi du 14 juillet 1913, avec celles de la loi du 22 juillet 1923, avec celles allouées aux pupilles de la nation au titre de la loi du 27 juillet 1917, et avec les pensions d'orphelins prévues par la loi du 31 mars 1919, mais elles ne se cumuleront pas avec les pensions versées par l'Etat, les départements ou les communes aux orphelins de leurs fonctionnaires et employés.

« Dans le cas, toutefois, où les pensions versées par l'Etat, les départements ou les communes seraient inférieures aux pensions d'orphelins prévues par la présente loi, les orphelins ou leurs ayants droit recevraient la différence existant entre les deux catégories de pension.

« 7. Le montant des pensions d'orphelins prévues par la présente loi ne peut être inférieur à 120 fr. par an et par enfant bénéficiaire de ladite pension. »

« 8. Les pensions d'orphelins ci-dessus visées seront soumises aux règles d'application prévues par le paragraphe 4 de l'article 1er et par les articles 4 et 6 de la loi du 22 juillet 1923.

Droits des chômeurs à l'assurance.

« *Art.* 21. — Ainsi modifié :

« Tout assuré obligatoire de nationalité française, se trouvant en état de chômage involontaire par manque de travail et inscrit à un office de placement, a droit, pour une durée maximum de quatre mois par période de douze mois, au versement pour son compte de la double contribution prévue à l'article 2 de la présente loi. »

« *Art.* 22. — Ainsi modifié :

« 1. Pour bénéficier des avantages prévus à l'article précédent, l'assuré devra compter, immédiatement avant la période de chômage, une année entière d'affiliation ininterrompue aux assurances sociales et remplir les mêmes conditions de cotisations que celles imposées pour l'assurance-maladie.

« *Art.* 23. — Ainsi modifié :

« 1. La garantie prévue aux articles 21 et 22 est assurée au moyen d'un prélèvement de 1 p. 100 sur les versements opérés en vertu de l'article 2 de la présente loi.

« 2. Les ressources ainsi produites seront affectées au fonds de majoration et de solidarité, à un compte spécial financièrement et juridiquement séparé des autres ressources des assurances sociales.

« 3. Les cotisations ne seront versées que dans les limites des ressources prévues au paragraphe 1er et seront éventuellement l'objet d'une réduction proportionnelle.

« 4. En outre, lorsque le compte spécial prévu au paragraphe 2 ci-dessus présentera un solde actif supérieur au total des versements reçus au cours de la dernière année inventoriée, il pourra, sur l'excédent et après avis de la section permanente du conseil supérieur des assurances sociales, être alloué des subventions aux institutions et aux caisses visées à l'article 24 ci-après. Le montant de ces subventions ne pourra dépasser 33 p. 100 des allocations payées au cours de la dernière année par ces mêmes caisses ou institutions.

« 5. Le décret prévu à l'article 29, paragraphe 3, fixera les conditions d'application des paragraphes 3 et 4 du présent article. »

« *Art.* 24. — Ainsi modifié :

« Sont autorisés à effectuer les versements en cas de chômage prévus à l'article 2, paragraphe 10 :

« 1° Les fonds de chômage créées par les départements et les communes;

« 2° Les caisses spéciales annexées à un syndicat professionnel, à une union de syndicats de même profession ou industrie, ou à une société de secours mutuels composée de membres exerçant en majorité la même profession ou industrie et constituée conformément aux dispositions de la loi du 21 mars 1884, modifiée par celle du 12 mars 1920, et la loi du 1er avril 1898, ou à une caisse d'assurance ou de réassurance mutuelle agricole régie par la loi du 4 juillet 1900. »

« *Art.* 25. — 1. L'office central et les offices régionaux de la main-d'œuvre sont chargés du contrôle : a) des institutions et caisses visées à l'article 24 et admises à recevoir des subventions; b) des assurés en chômage.

« 2. Un règlement d'administration publique déterminera les mesures d'application des dispositions prévues aux articles 21 à 25 inclus et notamment les conditions et délais d'inscription des chômeurs à l'office de placement, les obligations des chômeurs en ce qui concerne leur participation aux travaux de secours, les conditions d'organisation, d'autorisation et de fonctionnement des institutions ou caisses de garantie contre le chômage ainsi que les mesures de contrôle auxquelles elles seront soumises. »

TITRE II

DES CAISSES D'ASSURANCES

« *Art. 26.* — Ainsi modifié :

« 1. La gestion des assurances sociales est confiée : 1° à des caisses primaires qui, sous réserve des exceptions prévues au paragraphe 9 du présent article et à l'article 44 en faveur de certaines caisses, fonctionnent dans le cadre départemental; 2° à une caisse primaire interdépartementale ou exceptionnellement interdépartementale. Ces organismes sont constitués et administrés conformément aux prescriptions générales de la loi du 1er avril 1898 sur les sociétés de secours mutuels, sous réserve des dispositions de la présente loi. Ils fonctionnent, pour la couverture des risques et l'attribution des prestations, dans les conditions de la présente loi.

« 2. Les caisses primaires ont pour objet la maladie, la maternité, le décès et les soins aux invalides et pour celles visées au paragraphe 4 du présent article, soit la vieillesse, soit la vieillesse et l'invalidité. Les mutualités maternelles actuellement existantes pourront, sur leur demande, recevoir d'une caisse primaire de répartition la fraction, déterminée par décret, de cotisation afférente à la maternité, qu'elles couvriront librement dans les termes de la loi. Les sociétés ou unions de sociétés régies par la loi du 1er avril 1898, les syndicats professionnels et unions de syndicats régulièrement constitués en application de la loi du 21 mars 1884, ainsi que les caisses d'assurances ou de réassurances mutuelles agricoles visées par la loi du 4 juillet 1900 et leurs unions peuvent fonder une caisse primaire pour les assurés appartenant à ces organisations et les membres de leur famille. Les assurés peuvent se grouper spontanément pour la création d'une caisse primaire. Les caisses primaires doivent assurer soit directement, soit par l'intermédiaire de sections locales, le service local des prestations. Toutefois, lorsqu'elles sont fondées par des caisses de réassurances constituées en application de la loi du 1er avril 1898 ou de la loi du 4 juillet 1900, elles sont admises à assurer ce service par l'intermédiaire des organismes locaux affiliés auxdites caisses de réassurance.

« 3. L'assuré qui, trois mois avant la mise en application de la loi, appartiendra en qualité, soit de membre participant, soit de membre honoraire, à une société de secours mutuels fonctionnant dans les conditions de la loi du 1er avril 1898, est présumé, sauf désignation contraire de sa part, exprimée au plus tard un mois avant la date de mise en vigueur de la présente loi, faire choix de la caisse primaire à laquelle cette société, ou l'union dont elle fait partie, se rattache par un lien effectif. La présomption d'affiliation joue en faveur des mutualités maternelles existantes. Si l'assuré est affilié à plusieurs sociétés de secours mutuels, il indique éventuellement celle dont il entend dépendre pour la présomption d'affiliation.

« 4. Les caisses mutualistes de retraites ouvrières constituées en application de la loi du 5 avril 1910 et les caisses autonomes de la loi du 1er avril 1898, déjà autorisées ou en instance de l'être, pourront être admises à pratiquer, comme caisses primaires, les assurances-vieillesse ou vieillesse et invalidité. Les caisses de retraites ouvrières visées aux alinéas 3 et suivants de l'article 14 de la loi du 5 avril 1910 pourront, à cet effet, soit se transformer en caisse primaire admise à pratiquer l'assurance-vieillesse ou l'assurance vieillesse et invalidité, soit fusionner avec une caisse existante, mais devenue caisse primaire d'assurance-vieillesse ou d'assurance vieillesse et invalidité. Les adhérents aux caisses de retraites ouvrières qui seront admises à pratiquer les assurances vieillesse et invalidité bénéficieront de la présomption d'affiliation prévue au paragraphe précédent.

« 5. La caisse primaire départementale est chargée des risques de répartition pour tous les assurés non inscrits à une autre caisse primaire.

« Pour les risques de capitalisation, les assurés, non affiliés aux caisses prévues au présent article et à l'article 44 sont inscrits à la caisse nationale des retraites pour la vieillesse, qui ouvrira dans ses écritures une section spéciale pour les opérations afférentes à la présente loi.

« Toutefois, dans le département où se trouve le siège d'une ancienne caisse départementale ou régionale de retraites ouvrières qui aurait fusionné avec une caisse autonome de la loi du 1er avril 1898, autorisée à pratiquer comme caisse primaire les assurances vieillesse et invalidité, lesdits assurés seront inscrits à cette dernière caisse.

« Dans chaque département, un comité consultatif de six membres, composé pour la moitié d'assurés affiliés à la caisse nationale des retraites pour la vieillesse, de deux employeurs et d'un représentant de la commission supérieure de la caisse nationale des retraites pour la vieillesse, délibère sur les questions qui lui sont renvoyées pour avis par cette dernière et notamment sur les placements visés à l'article 31, paragraphe 1er, 2o de la présente loi. Les représentants des assurés et des employeurs sont élus par les conseils d'administration de la caisse départementale et des caisses primaires dont les affiliés sont en majorité inscrits à la caisse nationale des retraites pour la vieillesse.

« 6. Aucun des organismes énumérés aux paragraphes qui précèdent ne peut créer de pharmacies.

« 7. Les caisses primaires sont administrées à l'origine par le conseil d'administration de l'organisme qui les constitue jusqu'à la tenue de la première assemblée générale des membres participants de la caisse primaire et des autres membres de l'organisme fondateur. Cette assemblée général élit, dans un délai de trois mois à compter de la mise en vigueur de la présente loi, le conseil d'administration de la caisse. Font partie de cette assemblée générale, à la fois les assurés et les autres membres de l'organisme fondateur. Les assurés, membres de l'organisme fondateur, ont droit à une voix supplémentaire pour les élections au conseil d'administration.

« Tous les membres de droit de cette première assemblée générale et les membres de la caisse primaire pour les assemblées ultérieures pourront se faire représenter par les délégués désignés dans des conditions fixées par décret.

« 8. La caisse départementale est administrée à l'origine par un conseil de direction dont le président et les membres, désignés par le ministre du travail, sont présentés par l'union départementale ou les unions départementales des sociétés de secours mutuels, les caisses mutuelles agricoles et les syndicats professionnels ouvriers. Il est procédé dans un délai de trois mois, à compter de la mise en vigueur de la présente loi, à l'élection du conseil d'administration définitif.

« 9. Le conseil d'administration définitif de la caisse départementale et des caisses primaires doit comprendre dix-huit membres au moins, dont la moitié au moins d'assurés élus, et, à titre de membres honoraires admis par l'assemblée générale avec ou sans paiement de cotisation, deux praticiens choisis sur une liste présentée par les syndicats professionnels prévus à l'article 4 ayant passé une convention avec la caisse et, à défaut de convention, choisis par les autres membres, et, sauf dans les caisses primaires fondées par les assurés, au moins six représentants des employeurs choisis par les employeurs d'assurés affiliés à la caisse ou qui en en dépendent.

« Toutefois, les caisses fondées par des sociétés de secours mutuels peuvent décider statutairement qu'elles seront administrées par le conseil d'administration de la société de secours mutuels, sous réserve que ce conseil comprenne au moins moitié d'assurés.

« Les caisses fondées par les sociétés de secours mutuels existant avant l'application de la loi auront la même circonscription territoriale que lesdites sociétés.

« 10. Les caisses départementales et primaires n'ont pour objet que les assurances sociales instituées par la présente loi. Toutefois, les caisses primaires-vieillesse peuvent gérer les versements effectués pour l'assurance-vieillesse par les membres des mutualités scolaires âgés de moins de quinze ans. Les caisses départementales et primaires assurent le service des prestations, soit par leurs section locales, soit par des sociétés de secours mutuels, soit par l'intermédiaire des caisses primaires.

« 11. Le bénéfice de l'article 40 de la loi du 1er avril 1898 est étendu aux caisses d'assurances et de réassurances mutuelles agricoles régies par la loi du 4 juillet 1900. »

« *Art. 27*. — Ainsi modifié :

« 1. Les caisses primaires départementales et autres caisses primaires doivent, préalablement à leur fonctionnement, être agréées par le ministre du travail, conformément aux dispositions déterminées par le règlement général d'administration publique qui fixera également les conditions à remplir par les sections locales d'attribution de prestations.

« 2. En cas de refus d'agrément d'une caisse dans les trois mois de la demande, un recours peut être formé devant le conseil d'Etat, sans ministère d'avocat et avec dispense de tout droit, dans le délai de deux mois après la notification du ministère du travail.

« 3. Lorsqu'une caisse primaire cesse de remplir ses engagements ou les conditions auxquelles est soumis son fonctionnement, ou lorsque les irrégularités ou un défaut d'équilibre sont constatés, l'agrément peut être retiré par décret rendu sur la proposition du ministre du travail, et conformément à l'avis du conseil supérieur des assurances sociales et sauf recours devant le conseil d'Etat. »

« *Art. 28*. — Ainsi modifié :

« 1. Le service départemental fait porter, par les soins de la caisse des dépôts et consignations, au crédit des caisses primaires, pour chacun des adhérents à ces caisses, la portion de cotisation afférente aux risques qu'elles sont autorisées à couvrir et sous réserve de l'application des articles 32, 69 et 70.

« 2. Il provoque le créditement par la caisse générale de garantie des remises de gestion à allouer à chaque caisse; les bases d'attribution de ces remises sont fixées, en ce qui concerne les risques assurés, par décret rendu sur la proposition du ministre du travail. Les caisses rétrocèdent aux organismes ou sections chargés du service local des prestations une partie des remises de gestion ainsi attribuées

« 3. Les caisses primaires peuvent se grouper en unions régionales, notamment en vue de réaliser des œuvres d'intérêt commun, telles que : organisations d'hygiène sociale, œuvres d'assainissement établissements de prévention et de cure, sanatoria, dispensaires, maisons de convalescence et de retraite. »

« *Art.* 29. — Ainsi modifié :

« 1° Les caisses d'assurances doivent ouvrir des comptes spéciaux : 1° à l'assurance-maladie; 2° aux soins aux invalides; 3° à l'assurance-maternité; 4° à l'assurance-décès; 5° à l'assurance-invalidité; 6° à l'assurance-vieillesse; 7° au service de la garantie des droits à l'assurance, en cas de chômage; 8° aux charges de famille.

« 2. Les caisses primaires et leurs unions jouissent de la personnalité civile. Elles ont une personnalité juridique distincte de la société ou de l'union des sociétés qui les ont formées. Elles sont représentées en justice par un représentant légal désigné dans les conditions fixées par le règlement général d'administration publique. Elles fonctionnent sous la surveillance et le contrôle de l'Etat, qui est exercé par le ministre du travail et par le ministre des finances.

« La caisse générale de garantie reçoit communication des rapports relatifs à la situation financière des caisses. »

« 3. Un décret rendu sur la proposition des ministres du travail et des finances fixe les règles relatives à la comptabilité des caisses d'assurances et de leurs unions, à l'établissement de leur situation active et passive.

« 4. Les caisses ne peuvent, en aucun cas, allouer un traitement à leurs fondateurs et administrateurs. Il ne sera accordé de traitement qu'aux agents et employés des caisses.

« 5. Elles ne peuvent, en aucun cas, affecter à la gestion un pourcentage de frais supérieur à celui qui sera fixé, pour les diverses caisses, par décret rendu sur la proposition du ministre du travail dans la limite d'un maximum égal à 3,50 p. 100 des cotisations reçues.

« *Art.* 30. — 1. Les caisses d'assurances doivent déposer, soit à la caisse des dépôts et consignations, soit à la Banque de France, les sommes qui dépassent le chiffre de l'encaisse qu'elles sont autorisées à conserver. La caisse des dépôts en fait emploi dans les conditions prévues à l'article 41 ci-après; elle garde en dépôt le portefeuille desdites caisses.

« 2. Les sommes non employées sont versées en compte courant au Trésor, dans les limites d'un maximum et à un taux d'intérêt fixés annuellement par la loi de finances.

« 3. Les sommes déposées par les divers organismes, en application de la présente loi, à la caisse des dépôts et consignations, ne donnent pas lieu aux bonifications d'intérêt ou majorations pouvant résulter d'autres lois.

« 4. Le règlement général d'administration publique déterminera les mesures d'exécution relatives à la gestion financière des fonds des caisses d'assurances. »

« *Art.* 31. — Ainsi modifié :

« 1. Les disponibilités des caisses d'assurances sont employées en tenant compte de la nature et de l'importance des risques assurés par les caisses :

« 1° En valeurs d'Etat ou jouissant de la garantie de l'Etat, en valeurs étrangères dans des conditions à fixer par un décret rendu sur la proposition des ministres des finances, du travail et des affaires étrangères en obligations foncières ou communales du Crédit foncier, en acquisitions d'immeubles et en obligations des grandes compagnies de chemin de fer d'intérêt général;

« 2° Jusqu'à concurrence de moitié, sur la désignation des caisses et sous la seule réserve des approbations prévues aux alinéas suivants :

« a) En prêts aux départements, communes, syndicats de communes, colonies, pays de protectorat, chambres de commerce, chambres d'agriculture, chambres de métiers ou tous autres établissements publics ou en valeurs jouissant de la garantie de ces établissements;

« b) En prêts aux offices, sociétés et fondations d'habitations à bon marché et sociétés de crédit immobilier dans les conditions prévues par la loi du 5 décembre 1922 sur les habitations à bon marché et la petite propriété et aux sociétés et institutions prévues par la loi du 5 août 1920 sur le crédit mutuel et la coopération agricoles, ainsi qu'aux institutions de prévoyance et d'hygiène sociales reconnues d'utilité publique;

« c) En souscriptions de bons et d'obligations de la Caisse nationale de crédit agricole, ainsi qu'en souscriptions d'actions, d'obligations et de parts des sociétés visées par la loi du 5 décembre 1922 sur les habitations à bon marché et la petite propriété, et par la loi du 5 août 1920 sur le crédit mutuel et la coopération agricoles. Les actions et les parts ainsi acquises devront être entièrement libérées et leur montant ne devra pas dépasser les deux tiers du capital des sociétés ci-dessus, susceptibles d'obtenir une subvention de l'Etat ou un prêt à taux réduit de l'Etat ou de la caisse nationale de crédit agricole dans les conditions prévues par la loi du 5 décembre 1922 ou par la loi du 5 août 1920;

« d) En acquisitions de terrains ou d'immeubles, sous réserve de l'acceptation de la caisse générale de garantie.

« La construction ou l'aménagement d'établissements hospitaliers de prévention ou de cure ne pourront s'effectuer dans les villes où siège une faculté ou une école de médecine qu'après avis des commissions administratives des hôpitaux et des conseils de faculté ou écoles de médecine;

« e) En acquisitions de terrains à reboiser ou de forêts existantes, après avis favorable du conseil supérieur des assurances sociales;

« f) Enfin, en toutes valeurs reçues en garantie par la Banque de France, ainsi qu'en première hypothèque sur la propriété en France jusqu'à concurrence d'un montant global de 50 p. 100 de la valeur de l'immeuble, sous réserve d'acceptation de la caisse générale de garantie.

« En ce qui concerne les placements prévus aux alinéas a, b, c, d, e, f, le taux d'intérêt consenti ne peut être inférieur à un taux minimum fixé, au début de chaque année, par un décret rendu sur la proposition des ministres des finances et du travail.

« Les caisses d'assurances auront le droit de purger les hypothèques légales connues ou inconnues pouvant grever les immeubles qui seront affectés à la garantie hypothécaire des prêts qu'elles auront consentis.

« Pour arriver à la purge, elles auront à observer les formalités prescrites par les articles 19 à 25 inclus du décret du 28 février 1852.

« 2. Tous les actes relatifs aux acquisitions d'immeubles et aux prêts ci-dessus prévus sont exempts des droits de timbre, d'enregistrement et de la taxe hypothécaire.

« 3. Les caisses disposent, dans les conditions prévues à l'article 17 de la loi du 1er avril 1898, sans être soumises aux règles d'emploi fixées au présent article, des dons et legs reçus par elles. »

« *Art.* 32. — Ainsi modifié :

« Sur le montant des cotisations qui doivent revenir aux caisses primaires pour les services de répartition, c'est-à-dire pour les assurances maladie, maternité, décès et soins aux invalides, il est retenu, à titre de garantie et de compensation, 5 p. 100 au profit d'une « union départementale ou interdépartementale des caisses d'assurances sociales pour la réassurance », dont la constitution et le fonctionnement seront fixés par décret, et 5 p. 100 au profit du fonds de garantie et de compensation. »

« *Art.* 33. — 1. Sur les excédents annuels de recettes afférents aux services de répartition seront effectués les prélèvements obligatoires ci-après : 1° 20 p. 100 au profit du fonds de réserve générale propre à chaque caisse, jusqu'à ce que la valeur de ce fonds atteigne une somme égale au produit des cotisations de la dernière année inventoriée; 2° 3 p. 100 au profit du fonds de majoration et de solidarité; 3° 2 p. 100 au profit du fonds de garantie et de compensation.

« 2. Le solde peut être affecté, en tout ou en partie, à une augmentation temporaire des prestations de la caisse, tout d'abord à l'attribution de primes d'allaitement et de bons de lait aux femmes non assurées des assurés, sous réserve de l'application des dispositions du paragraphe 6 de l'article 4, à une diminution du pourcentage mis à la charge des assurés pour les frais médicaux et pharmaceutiques et notamment pour la maternité, à une participation plus élevée aux frais médicaux et pharmaceutiques à prévoir en faveur des retraités par le fonds de majoration ou de solidarité, à des allocations supplémentaires pour ascendants ou enfants âgés de plus de seize ans à la charge de l'assuré, ou à la constitution de réserves propres à régulariser ces augmentations. Le solde susvisé afférent aux services de répartition peut, en outre, être employé, jusqu'à concurrence des trois quarts, à distribuer des ristournes aux cotisants.

« 3. Sur les excédents d'actif ressortant du bilan, des prélèvements pourront, à partir de la dixième année, être effectués par les caisses dont l'actif dépassera le passif de 10 p. 100 au moins pour la vieillesse et de 30 p. 100 au moins pour l'invalidité, sans que ces prélèvements puissent jamais abaisser ces excédents au-dessous de ces limites. Sur chaque prélèvement, il sera réservé une fraction de 6 p. 100 au profit du fonds de majoration et de solidarité et une fraction de 4 p. 100 au profit du fonds de garantie et de compensation.

« Les caisses d'assurance-vieillesse, ou d'assurance vieillesse et invalidité, autorisées à faire usage de tarifs spéciaux dans les conditions prévues à l'article 14, paragraphe 2, pourront, après autorisation du ministre du travail, affecter les prélèvements prévus à l'alinéa précédent, soit à l'anticipation de la liquidation des rentes viagères de vieillesse à partir de 55 ans, soit à une augmentation desdites rentes à 60 ans.

« 4. Les caisses d'assurances peuvent également employer leur solde à créer ou développer des œuvres de maternité et d'enfance, des hôpitaux, sanatoria préventoria, dispensaires, maisons de convalescence ou de retraite et autres institutions d'hygiène sociale et de prophylaxie générale.

« 5. Si l'établissement des comptes fait apparaître un déficit, il peut y être fait face par un prélèvement sur les réserves créées à cet effet et sur le fonds de réserve générale.

« 6. Des avances remboursables dans les conditions à fixer par décret rendu sur la proposition des ministres du travail et des finances pourront être consenties à la caisse, dont la situation est déficitaire, par la caisse générale de garantie, qui peut prendre à son égard toutes mesures de contrôle jugées utiles, poursuivre les administrateurs, en cas de faute lourde et personnelle, comme civilement responsables de leur mauvaise gestion, élever de 5 p. 100 le montant du versement prévu à son profit par l'article 32, imposer à la caisse déficitaire la réduction des prestations et, en second lieu, l'augmentation des cotisations dans les conditions prévues au paragraphe 8 du présent article. Tout refus d'avances remboursables de la part de la caisse générale de garantie donnera lieu à l'ouverture d'une procédure de retrait d'agrément conformément aux dispositions de l'article 27, paragraphe 3.

« 7. Les excédents, le solde ou le déficit susvisés sont ceux que font apparaître les résultats de la situation annuelle arrêtée par le conseil d'administration de la caisse dans les conditions fixées selon les dispositions de l'article 29, paragraphe 3.

« 8. Les prestations de la présente loi sont garanties seulement dans la limite des ressources prévues par ladite loi.

« S'il est constaté, soit une insuffisance dépassant à la fois les possibilités financières des caisses d'assurances et celles du fonds de garantie et de compensation, soit un déficit du fonds de majoration et de solidarité provenant notamment d'une baisse du taux de capitalisation des versements destinés à l'assurance-vieillesse ou à l'assurance-invalidité, des décrets rendus en conseil d'Etat sur la proposition des ministres du travail et des finances et après avis du conseil supérieur des assurances sociale devront, pour une durée déterminée :

« a) En premier lieu, réduire dans la limite d'un maximum de 20 p. 100 pour une ou plusieurs caisses ou pour l'ensemble des caisses, le taux des prestations et rendre plus rigoureuses les conditions d'obtention afférentes à un ou plusieurs risques ;

« b) En second lieu, et s'il est nécessaire, augmenter jusqu'à concurrence d'un maximum d'un quart, chacune des cotisations ouvrière et patronale prévues à l'article 2, avec affectation pour deux tiers à la garantie complémentaire d'un ou de plusieurs risques et pour un tiers à la mise en réserve au fonds de majoration et de solidarité des ressources ainsi obtenues.

« 9. L'exécution de la loi sur les assurances sociales ne devra, en aucun cas, imposer au budget général, ainsi qu'aux budgets des départements et des communes, des charges supérieures à celles qui sont prévues dans la présente loi. »

« *Art.* 34. — 1. Toute caisse élabore un règlement d'administration intérieure relatif aux formalités que doivent remplir les intéressés pour bénéficier des prestations de l'assurance. Ce règlement comporte des dispositions communes à toutes les caisses, fixées par le règlement général d'administration publique, et des dispositions spéciales à chaque caisse. Il doit prévoir les conditions suivant lesquelles seront assurées les prestations-maladie au cas où le salarié malade est logé ou nourri par son employeur.

« 2. Il doit être approuvé par le ministre du travail. »

« *Art.* 35. — Ainsi modifié :

« 1. L'adhésion de l'assuré à une caisse d'assurance est valable pour deux ans, sauf le cas où il change de lieu de travail. Elle ne peut produire effet, au regard de la nouvelle caisse qu'il désigne, qu'autant que les conditions légales de taux et de durée de versements fixées pour chaque risque ont pu être remplies par l'assuré. Toutefois, pendant les deux années qui suivront la mise en application de la loi, ce délai est réduit à un an.

« 3. La couverture ou réserve mathématique qui doit entrer en compte dans ces cessions est calculée conformément aux décisions du ministre du travail. »

« *Art.* 36. — Ainsi modifié :

« 1. Pour couvrir leurs frais de premier établissement, des avances remboursables peuvent, à partir de la promulgation de la présente loi, être consenties par le Trésor aux caisses d'assurances et à la caisse générale de garantie. Un décret déterminera, dans chaque cas, le maximum desdites avances remboursables.

« 2. Ces avances seront, dans l'année de la mise en vigueur de la loi, remboursées au Trésor par la caisse générale de garantie. Cet établissement en récupérera le montant dans un délai qui ne pourra excéder quinze ans, par annuités égales, calculées suivant un taux d'intérêt qui sera fixé par décret rendu sur la proposition des ministres du travail et des finances.

Assurance facultative.

« *Art.* 37. — Ainsi modifié :

« 1. Les fermiers, cultivateurs, métayers non visés à l'article 73, artisans, petits patrons, petits commerçants, les travailleurs intellectuels non salariés et, d'une manière générale, tous ceux qui, sans être salariés, vivent principalement du produit de leur travail, à la condition qu'ils soient de nationalité française et que le produit annuel de leur travail n'excède pas les chiffres limites prévus à l'article 1er, paragraphe 2, ainsi que les assurés visés à l'article 43, paragraphes 2 et 4, peuvent, en opérant des versements à l'une des caisses visées par les articles 26 et 44, dans les conditions énumérée par le présent titre, être admis facultativement au bénéfice des assurances sociales.

« 2. Pour les assurés qui ont des charges de famille au sens fixé par l'article 20 de la présente loi, le chiffre limite est augmenté de 2.000 fr. s'ils ont un enfant à leur charge, de 4.000 fr. s'ils ont deux enfants. Il est porté à 25.000 fr. s'il en a trois ou davantage. Le chiffre-limite est augmenté de 2.000 fr. pour les assurés provenant de l'assurance obligatoire de la présente loi.

« 3. L'assurance facultative peut être pratiquée par les caisses primaires, les caisses départementales et la caisse nationale des retraites dans les conditions de l'article 26, paragraphe 5. »

« *Art.* 38. — Ainsi modifié :

« 1. En ce qui concerne l'âge d'admission, pour tous les risques, les assurés facultatifs sont assimilés aux assurés obligatoires. Toutefois, à moins qu'ils ne proviennent directement des assurés obligatoires, ils ne sont admis que sur attestation médicale que l'assuré n'est atteint d'aucune maladie aiguë ou chronique, ni d'aucune invalidité totale ou partielle susceptible d'élever notablement sa morbidité.

« Cette condition ne s'applique pas, pour l'assurance-vieillesse, aux assurés facultatifs des retraites ouvrières inscrits depuis plus d'un an et à jour de leurs versements à la date de la promulgation de la présente loi.

« 2. L'entrée en jouissance de la retraite-vieillesse est fixée à soixante ans et après une durée minima de dix ans de versements.

« Toutefois,

« a) Les dispositions de l'article 17 relatives à la liquidation anticipée peuvent être appliquées;

« b) Les assurés ayant plus de cinquante ans lors de leur inscription ne seront assujettis à la condition de durée minima de dix ans de versements qu'autant que cette condition n'aurait pas pour effet de retarder au delà de soixante-cinq ans l'âge de l'entrée en jouissance.

« 3. L'assuré fixe sa cotisation, à son choix, à une somme ne pouvant excéder 10 p. 100 de son gain annuel, ni être inférieure à 240 fr. par an. Toutefois, il peut la réduire à 120 fr. par an s'il n'est assuré que pour la vieillesse; cette cotisation est payable au moins par trimestre.

« 4. Par dérogation aux dispositions du paragraphe 2 du présent article, l'assurance facultative pour le risque-vieillesse est ouverte au moment de la mise en application de la loi au delà de soixante ans et jusqu'à soixante-cinq ans, avec une durée minima de versement de cinq ans.

« 5. Le revenu annuel des assurés facultatifs est déterminé d'après les évaluations qui servent de base à l'impôt sur le revenu et, en cas de non-assujettissement audit impôt, d'après les déclarations de l'intéressé. Il sera, pour les fermiers, métayers et cultivateurs, déterminé forfaitairement d'après les chiffres fixés par arrêté préfectoral concernant la nature des hectares cultivés. Un décret fixera les conditions dans lesquelles sera pris cet arrêté, après avis des chambres d'agriculture. »

« *Art.* 39. — Ainsi modifié :

« 1. Les prestations de la caisse d'assurances sont fixées d'après un tarif approuvé par le ministre du travail, donnant, par âge à l'entrée dans l'assurance, le montant des cotisations à payer pour avoir droit à des prestations de base. Aucune dérogation ne peut être apportée à ce tarif. »

« 2. Les caisses peuvent admettre des assurés facultatifs qui sont garantis pour la totalité ou une partie des risques visés à l'article 1re de la présente loi.

« 3. Elles ne peuvent assurer des indemnités de maladie supérieures à 25 fr. par jour ouvrable, un capital au décès supérieur à 3.600 fr., une rente d'invalidité ou de vieillesse supérieure à 8.000 fr. L'assurance-maladie cesse, en tout état de cause, à soixante-cinq ans. »

« *Art.* 40. — Ainsi modifié :

« 1. Les caisses établissent, avec l'approbation du ministre du travail, un règlement fixant les conditions d'admission des assurés facultatifs et notamment de la visite médicale qu'ils doivent subir, les conditions et délais de paiement des cotisations, les sanctions en cas de non-paiement, le service des prestations-maladie lorsque l'assuré est logé ou nourri. »

« 2. En ce qui concerne les assurances décès, invalidité, vieillesse, l'assuré ne peut être entièrement déchu de ses droits, son contrat doit conserver une valeur de réduction en rapport avec sa réserve mathématique.

« 3. Le règlement ne peut consentir aux assurés aucune valeur de rachat de leur contrat. »

« *Art.* 41. — Ainsi modifié :

« 1. Sur le quantum des cotisations, il est effectué un prélèvement de 10 p. 100, versé au fonds de majoration et de solidarité et destiné à majorer le capital assuré au décès et les rentes d'invalidité et de vieillesse. La majoration ne peut dépasser celle qui serait allouée aux assurés obligatoires dans les mêmes conditions d'âge et de nombre de versements, ni avoir pour effet de porter le chiffre des prestations au delà des limites fixées par l'article 39, paragraphe 3. Elle est fixée par décret chaque année.

« 2. Les assurés facultatifs ont droit aux majorations pour charges de famille, dans les conditions fixées pour les assurés obligatoires. Les dépenses afférentes à ces majorations sont imputées au fond de majoration et de solidarité qui tient, pour l'assurance facultive, un compte spécial où est versé un prélèvement analogue à celui demandé aux assurés obligatoires.

« 3. Sur les ressources du fonds de majoration et de solidarité, il est réservé annuellement, en faveur des assurés facultatifs, une somme qui ne peut être inférieure à 3 millions de francs. »

« *Art.* 42. — Ainsi modifié :

« 1. L'assurance facultative donne lieu, au sein des caisses, à une comptabilité distincte des opérations de l'assurance obligatoire. Un versement de 2 p. 1000 des cotisations est effectué au fonds de garantie et de compensation géré par la caisse générale de garantie. »

« 2. Les dispositions des articles 32, 33, 34 et 35 de la présente loi s'appliquent à l'assurance facultative.

« *Art. 43.* — 1. Si, en cours d'assurance facultative, le produit du revenu annuel vient à dépasser le maximum susvisé, il est notifié à l'assuré que, dans un délai de six mois à compter de la notification, il cessera de bénéficier de l'assurance-maladie et que les cotisations qu'il continuera à verser seront affectées en totalité aux assurances décès, invalidité, vieillesse, à moins qu'il ne préfère réduire sa cotisation du montant correspondant à la quotité affectée à l'assurance-maladie.

« 2. Il est également notifié à l'assuré obligatoire dont le salaire vient à dépasser la limite fixée par l'article 1er, qu'à partir du 1er janvier suivant, il cessera d'être affilié à l'assurance obligatoire; il pourra, dès lors, bénéficier de l'assurance facultative dans les conditions du paragraphe 2 de l'article 37. La réserve mathématique afférente à son compte individuel de retraite est versée à son compte dans l'assurance facultative. Pour la liquidation des rentes invalidité et vieillesse, il a droit à une fraction de la majoration éventuelle concédée aux assurés obligatoires dans la proportion du nombre de trentièmes qu'il a passé d'années dans cette assurance.

« 3. Les assurés facultatifs qui deviennent des salariés ont droit au maintien de leurs droits acquis dans l'assurance facultative. La réserve mathématique afférente à leur contrat en ce qui concerne le décès, l'invalidité et la vieillesse, est versée à leur nouveau compte d'assurance obligatoire. Ils ont droit aux majorations dans les conditions indiquées.

4. a) Les femmes non salariées des assurés obligatoires ou facultatifs sont admises, à leur choix, au bénéfice de l'assurance facultative ou à celui de l'assurance spéciale définie comme suit, à la condition de réclamer leur inscription dans le délai de six mois à partir de la mise en application de la présente loi, ou de la célébration de leur mariage, si elles sont âgées de moins de trente-cinq ans, ou de leur sortie de l'assurance obligatoire. Pour l'assurance spéciale, elles sont considérées comme des assurées obligatoires recevant un salaire annuel supposé de 1.200 fr., sauf les différences ci-après. Leur cotisation est fixée à 10 fr. par mois. Elles n'ont pas droit aux indemnités journalières prévues à l'article 5, paragraphe 1er, et n'ouvrent pas droit au minimum de 1.000 fr. garanti en cas de décès. L'attribution d'une pension d'invalidité ne joue qu'en cas d'incapacité totale de vaquer aux soins du ménage. La moitié de la cotisation est affectée à la constitution d'une rente de vieillesse, capitalisée à un compte individuel. Le minimum garanti pour la pension d'invalité ou de vieillesse en période transitoire (art. 10, § 5, et 15, § 2) est fixé à 250 fr. et accordé dans les mêmes conditions de nombre et de durée des versements;

« b) Les femmes ainsi assurées, qui deviennent veuves ou divorcées, peuvent continuer à bénéficier de l'assurance spéciale. Elles ont la faculté de conserver pour elles et leurs enfants les droits aux prestations en nature dont elles bénéficiaient antérieurement du chef de leur conjoint, moyennant le versement d'une cotisation supplémentaire indépendante du nombre des enfants et dont le montant sera fixé annuellement par décret;

« c) Les avantages prévus aux alinéas a et b ci-dessus sont accordés aux veuves d'anciens combattants, non remariées, dont les ressources n'excèdent pas les chiffres fixés par l'article 1er, paragraphe 2 :

« d) Les caisses d'assurances tiennent un compte spécial des opérations relatives à cette catégorie d'assurance des femmes.

« 5. Les femmes mariées, non salariées, pourront contracter sans l'assistance de leur mari l'assurance spéciale facultative et jouiront, à cet égard, de la pleine capacité juridique. »

TITRE IV

DISPOSISIONS TRANSITOIRES

« *Art. 44.* — Ainsi modifié :

« 1. A Partir de la mise en application de la présente loi, les caisses de retraites existantes dont le service incombe à l'employeur, les caisses précédemment organisées même sous forme d'associations ou de société civiles par les patrons avec ou sans le concours des ouvriers et employés, les caisses de retraites autorisées conformément à la loi du 27 décembre 1895, et celles qui se sont conformées aux dispositions de l'article 29 de la loi du 5 avril 1910 ou de l'article 96 du décret du 25 mars 1911 pourront être autorisées, par décret rendu sur la proposition du ministre du travail, à continuer sans condition d'effectif minimum leurs opérations, s'il résulte d'un inventaire technique que leur situation financière suffit à garantir leurs engagements antérieurs et, après agrément du ministre du travail, comme caisses primaires, à assurer, au profit du personnel soumis aux obligations légales, les prestations découlant de la présente loi. Ces caisses, ainsi que les caisses mutualistes et autonomes visées à l'article 26, paragraphes 2 et 4, de la présente loi, pourront, à titre exceptionnel, et seulement pour les risques vieillesse et invalidité, après avis du conseil supérieur des assurances sociales, avoir des sections locales en dehors du département du siège social.

« 2. Les caisses de retraites qui, après la mise en vigueur de la loi, viendraient à se créer en faveur d'un personnel non soumis aux obligations légales, devraient être, préalablement à leur fonctionnement, autorisées par le Ministre du travail.

« 3. L'institution des assurances sociales ne peut avoir pour conséquence la diminution ou la suppression des prestations de même nature déjà accordées à des salariés en vertu du contrat de travail ou d'un règlement de retraite. Toutefois, les employeurs et leur personnel soumis à la loi sont autorisés à réduire d'un commun accord leurs contributions telles qu'elles sont prévues par lesdits contrat et règlement, à concurrence des fractions de cotisations affectées, en vertu de la présente loi, à la garantie des risques de répartition ou de capitalisation contre lesquels ces assurés sont déjà garantis. A défaut d'entente entre les employeurs d'une part et la majorité des ouvriers et employés d'autre part, il y a lieu à recours devant une commission arbitrale, dans les conditions à fixer par le règlement général d'administration publique sur la base des dispositions arrêtées par la loi du 5 avril 1910 (art. 31 et suivants).

« Les employeurs et leur personnel sont également autorisés à demander d'un commun accord que les institutions de prévoyance existantes alimentées par des contributions ouvrières et patronales ou patronales seules, puissent continuer à assurer, comme caisses primaires de répartition, les risques de répartition.

« Lorsque des institutions patronales autorisées à assurer

comme caisses primaires les risques de répartition, prendront à leur charge tout ou partie de la cotisation ouvrière, les employeurs seront tenus à assurer les mêmes libéralités aux membres de leur personnel qui n'auront pas adhéré aux caisses primaires fondées par ces institutions patronales.

« 4. Le règlement général d'administration publique déterminera les règles de liquidation des caisses qui ne seront pas autorisées. La liquidation devra être terminée dans les dix mois du refus d'autorisation.

« Les caisses qui auront été autorisées par le ministre du travail à continuer ou à commencer leurs opérations, ne sont pas, en ce qui concerne le personnel affilié à ces caisses et ne rentrant pas dans les conditions de l'article 1er, soumises aux règles applicables aux caisses d'assurances sociales. Ces caisses restent placées sous le contrôle du ministre du travail.

« 5. Les dispositions prévues par les articles 64 à 66 sont applicables aux administrateurs ou directeurs de caisses qui continueraient à fonctionner sans y avoir été dûment autorisées.

« 6. Les associations de retraités existant dans les départements du Haut-Rhin, du Bas-Rhin et de la Moselle et ayant des assurés dans les autres départements, avant la mise en application de la loi, pourront, pour ces assurés seulement, continuer leurs opérations dans les conditions prévues par la présente loi, si elles fournissent des prestations au moins égales à celles de la loi.

« Les bénéficiaires seront tenus de compléter, dans une caisse primaire, la couverture des risques prévus par la loi et non couverts par ces associations.

« *Art.* 45. — 1. Les caisses d'assurances visées à l'article 14 de la loi du 5 avril 1910 devront arrêter leur situation au regard de l'application de ladite loi.

« 2. Le paiement des pensions acquises ou en cours d'acquisition, ainsi que des allocations ou bonifications à la charge de l'Etat, sera effectué par la caisse d'assurances sociales ayant pris la suite des opérations de la caisse de retraites ouvrières, lorsqu'il s'agit d'assurés qui avaient leur compte ouvert à cette dernière et par la caisse nationale des retraites, section des retraites ouvrières, dans tous les autres cas.

« La caisse nationale des retraites pour la vieillesse restera débitrice des rentes éventuelles correspondant aux versements reçus par elle en application de la loi sur les retraites ouvrières. Toutefois, ces rentes seront servies par l'intermédiaire de la caisse d'assurances sociales à laquelle seront affiliés les bénéficiaires. Ladite caisse continuera de payer directement les rentes qu'elle aura liquidées antérieurement à la mise en vigueur de la présente loi, ainsi que les allocations et bonifications de l'Etat correspondantes, lesquelles lui seront remboursées par la caisse générale de garantie.

« 3. Le compte de leurs excédents d'actif sera arrêté à la date de mise en application de la présente loi et son montant sera dévolu dans les conditions déterminées par le règlement général d'administration publique, lequel fixera en outre les règles relatives à leur liquidation et à leur transformation éventuelle en caisses d'assurances sociales. La moitié de ces excédents d'actif, dans la forme où ils se trouvent dans la caisse liquidée, devra être attribuée au fonds de majoration et de solidarité, où ils seront répartis entre les comptes d'assurance obligatoire et d'assurance facultative, pro portionnellement à l'importance de ces deux assurances dans la caisse des retraites dont ces excédents proviennent.

« La seconde moitié de ces excédents d'actif restent à la disposition de la caisse qui en fixe librement l'emploi.

« 4. Toutefois, les excédents d'actif de la section des retraites ouvrières de la caisse nationale des retraites feront l'objet, pour la partie dépassant de 10 p. 100 le passif, de versements fractionnés à la caisse générale de garantie dans les conditions déterminées par le règlement général d'administration publique.

« 5. A la clôture des opérations de liquidation de la loi des retraites ouvrières, tant de la section spéciale que des autres caisses visées au paragraphe 2 du présent article, le solde de l'actif sera versé à la caisse générale de garantie.

« 6. Les insuffisances d'actif sont prises en compte par la caisse d'assurance qui recueille la suite des opérations de la caisse de retraites ouvrières. »

« *Art.* 46. — 1. Dès la mise en application de la présente loi, le fonds de réserve visé par l'article 16 de la loi du 5 avril 1910 sur les retraites ouvrières sera transféré au fonds de majoration et de solidarité.

« 2. Les intéressés devront réclamer, dans le délai de deux ans, les versements effectués à leur nom par les employeurs, en application de l'article 23 de la loi du 5 avril 1910, modifié par l'article 266 de la loi de finances du 13 juillet 1925.

« 3. En vue de l'application des dispositions du paragraphe 3 de l'article 1er de la présente loi, les employeurs sont tenus, sous les sanctions prévues à l'article 64, d'adresser au service départemental ou interdépartemental des assurances sociales, avant le 1er juin 1930, dernier délai, une déclaration individuelle d'emploi pour tout salarié faisant partie de leur personnel au 15 mai 1930, donnant lieu aux versements obligatoires, et pour lequel ils n'auraient pas fourni une déclaration antérieure.

« *Art.* 47. — 1. Les assurés obligatoires de la loi des retraites ouvrières et paysannes devenant assurés obligatoires au titre de la présente loi, bénéficieront du régime spécial ci-après défini :

« a) Ils conserveront leur droit à l'assurance invalidité et à l'assurance-décès de la loi du 5 avril 1910 jusqu'à ce que le droit à l'assurance-invalidité et à l'assurance-décès de la présente loi soit ouvert dans les conditions fixées par elle; il sera tenu compte de la durée de leurs versements au titre de cette dernière loi pour déterminer leurs droits auxdites assurances résultant de la loi du 5 avril 1910;

« b) Ceux qui, étant âgés de cinquante-cinq à soixante ans au moment de la mise en vigueur des assurances sociales, auront effectué les versements fixés tant par la loi du 5 avril 1910 que par la présente loi, pourront, à leur choix, soit demander la liquidation de leur retraite dans les conditions de la loi du 5 avril 1910 et bénéficier alors, en sus des rentes inscrites à leurs comptes individuels, de l'allocation viagère de l'Etat et des bonifications de loi précitée, en cessant d'être assurés obligatoires, soit obtenir, après cinq ans de versements, comme assurés obligatoires de la présente loi, le bénéfice de l'article 15, paragraphe 2, sans préjudice de la liquidation des rentes portées à leur compte d'assuré des retraites ouvrières;

« c) Ceux qui, âgés de plus de soixante ans au moment de la mise en vigueur des assurances sociales et remplissant les conditions pour bénéficier de l'allocation viagère de l'Etat survisée, n'auraient pas réclamé et obtenu la liquidation de cette allocation, pourront, s'ils sont âgés de moins de soixante-cinq ans et s'ils rentrent dans les catégories de l'article 1er, paragraphe 2, être inscrits dans l'assurance obligatoire; ils auront droit, à partir du moment où ils cesseront légalement ou volontairement d'appartenir à cette assurance, au bénéfice des dispositions de l'alinéa précédent ;

« d) Ceux qui, âgés de plus de soixante ans au moment de la mise en vigueur de la présente loi, n'ont pas satisfait aux conditions ouvrant droit à l'allocation viagère de l'Etat de la loi du 5 avril 1910, pourront, s'ils rentrent dans les catégories de l'article 1er, paragraphe 2, et même s'ils ont déjà obtenu la liquidation des rentes de leur compte d'assuré des retraites ouvrières, bénéficier des dispositions de l'article 15, paragraphe 4, en conservant leur droit aux dites rentes.

« 2. A partir du 1er avril 1930, il ne sera plus délivré de cartes annuelles d'échange des retraites ouvrières, ni procédé à aucune inscription nouvelle en vertu de la loi du 5 avril 1910.

« 3. Le montant de l'allocation et de la bonification accordées par l'Etat en vertu de la loi du 5 avril 1910 modifiée, sera, dans les conditions de la loi de finances du 29 avril 1926, quintuplé à compter de la première échéance qui suivra le 1er avril 1930. »

« *Art.* 48. — 1. Les assurés facultatifs inscrits aux retraites ouvrières avec droit au régime transitoire de la loi du 5 avril 1910, les métayers et petits fermiers payant moins de 600 fr. de fermage, inscrits avec bénéfice de l'allocation attribuée aux assurés obligatoires, auront droit à la valeur actuelle de la portion de bonification ou d'allocation acquise par eux à l'âge accompli au début de l'application de la loi.

« 2. Cette valeur, calculée au taux de 5 p. 100, sera versée au compte individuel d'assurance-vieillesse des intéressés.

« 3. La dépense résultant de ce versement sera supportée par le fonds de majoration et de solidarité. »

« *Art.* 49. — Ainsi modifié :

« 1. Les salariés de l'Etat, des départements, des communes, des chemins de fer d'intérêt général, des chemins de fer de l'Etat, des chemins de fer d'intérêt général secondaires et d'intérêt local et des tramways, les ouvriers mineurs et ardoisiers et le personnel de leur caisse autonome, les inscrits maritimes et les agents du service général, les agents bénéficiaires de la loi du 28 juillet 1928 relevant des entreprises concessionnaires des services publics du gaz et de l'électricité, les agents relevant des services concédés ou en régie de distribution d'eau et bénéficiaires d'une caisse autorisée en vertu de la loi du 27 décembre 1895, les agents placés sous le régime des décrets des 16 janvier et 28 janvier 1808, et les agents des établissements placés sous le régime des décrets des 28 février 1852 et 28 juin 1854, et des lois du 5 juillet 1900 et 29 décembre 1911, le personnel de la Chambre de Commerce de Marseille dont le caractère de service public découle de la concession de l'outillage des quais (décret du 28 mars 1916), le personnel des théâtres nationaux subventionnés bénéficiaires d'une caisse de retraite instituée par décret, demeurent respectivement soumis aux législations ou règlements qui les régissent à l'égard des risques garantis par la présente loi.

« 2. Dans le délai d'un an après la mise en application des assurances sociales, un décret fixera les règles de coordination de ces divers régimes, avec le régime général des assurances sociales et déterminera le mode de liquidation des droits de l'intéressé qui passera d'un régime à un autre, et notamment de l'agent qui viendrait à quitter le service ou l'administration avant d'avoir droit à une pension, et le transfert de la valeur de ses droits aux assurances sociales, et inversement. Le même décret fixera le régime d'assurance définitif de ces salariés, lequel devra les couvrir contre l'ensemble des risques prévus par la présente loi, sans que les prestations de même nature déjà accordées auxdits salariés puissent être réduites ou supprimées. »

« *Art*. 50. — 1. Les assurés qui ont été l'objet, au titre de la mutualité scolaire, de versements à la caisse nationale des retraites peuvent demander que les rentes correspondantes leur soient servies par la caisse d'assurances à laquelle ils sont affiliés en vertu de la présente loi. Dans ce cas, la caisse nationale des retraites reste débitrice de ces rentes, qui sont payées par l'intermédiaire de la caisse d'assurances sociales. Lorsque lesdites rentes n'ont pas été réclamées par les intéressés au moment où ils ont droit à la retraite de vieillesse prévue par la présente loi, il y a lieu à application d'office des dispositions qui précèdent.

« 2. Lorsque l'assuré, qui ne justifie pas du nombre de versements annuels lui donnant droit à la pension minimum, a cotisé pour la retraite dans une mutualité scolaire, ses années d'affiliation mutualiste avant l'âge de seize ans sont admises pour compléter son temps d'assurance comme équivalent chacune à une demi-année sur la base d'un salaire annuel de 1.200 fr. Dans ce cas, les rentes acquises par l'intéressé au cours desdites années sont défalquées de sa pension. »

« *Art*. 51. — Ainsi modifié :

« 1. Les assurés malades ou blessés de guerre, qui bénéficient de la législation des pensions militaires, continueront de recevoir personnellement les soins auxquels ils ont droit au titre de l'article 64 de la loi du 31 mars 1919, suivant les prescriptions dudit article et des dispositions réglementaires qui en règlent l'application. Ils auront droit, dans tous les cas, à toutes les prestations prévues à l'article 5 de la présente loi.

« Pour les maladies, blessures ou infirmités n'ayant pas une origine militaire, ils jouiront, ainsi que leur conjoint et leurs enfants non salariés de moins de seize ans, des prestations en nature de l'assurance-maladie, mais ils seront dispensés, pour eux personnellement, du pourcentage de participation aux frais médicaux et pharmaceutiques et autres mis à la charge des assurés malades ou invalides.

« L'Etat devra verser à la caisse d'assurances, pour chaque assuré de leur catégorie, une surprime correspondant à l'aggravation des charges supportées par la caisse. Le taux de cette surprime sera uniforme et déterminé par décret.

« 2. En cas d'aggravation de l'état d'invalidité à la suite de maladie ou d'accident, l'incapacité d'origine militaire entre en compte pour la détermination du degré d'invalidité ouvrant le droit à la pension d'assurance.

« 3. Si le degré total d'invalidité atteint au moins 66 p. 100 et si la pension militaire d'invalidité est inférieure à la pension à laquelle l'assuré aurait droit en vertu des articles 10, 11 et 12 de la présente loi, la pension d'assurance est liquidée pour un montant égal à la différence entre la pension calculée comme il est dit à l'article 10 et la pension militaire.

« 4. Les malades ou blessés de guerre qui bénéficient de la législation des pensions militaires et qui peuvent se réclamer de l'assurance facultative ne devront pas en être écartés en raison de leurs maladies ou blessures de guerre; mais l'Etat devra verser aux caisses une surprime correspondant à l'aggravation des charges, suivant les conditions prévues au paraphe 1ᵉʳ du présent article.

« 5. Pour les anciens combattants et victimes de la guerre, bénéficiaires de la loi du 4 août 1923, qui auront été inscrits avant la mise en application de la présente loi à l'un des organismes mutualistes visés par ladite loi, les précomptes effectués sur leur salaire au titre des assurances sociales donneront lieu aux subventions prévues par la loi du 4 août 1923 et par les articles 126 et 127 de la loi du 30 décembre 1928, dans la limite du montant annuel des cotisations versées antérieurement par les intéressés sous le régime de ces lois. Un arrêté du ministre du travail et du ministre des finances déterminera les conditions d'application du présent article. »

« *Art*. 52. — La présente loi ne sera applicable aux départements du Haut-Rhin, du Bas-Rhin et de la Moselle qu'en vertu d'une loi spéciale qui déterminera la date d'application, ainsi que les mesures de coordination propres à substituer au régime des assurances sociales actuellement en vigueur dans ces trois département, les dispositions du présent texte et toutes autres mesures transitoires. »

TITRE V

DISPOSITIONS GÉNÉRALES

« *Art*. 53. — Ainsi modifié :

« 1. Les pensions acquises en vertu de la présente loi sont, jusqu'à concurrence de 2.400 fr., incessibles et insaisissables, si ce n'est au profit des caisses d'assurances pour le paiement des frais d'hospitalisation.

« 2. La double contribution due en vertu de l'article 2 et non encore versée par l'employeur est garantie par un privilège qui prend rang et qui porte effet concurremment avec le privilège des gens de service et des ouvriers et commis, établi respectivement par l'article 2101 du code civil et par l'article 549 du code de commerce.

« *Art*. 54. — Les sommes qui sont versées à titre de contribution en exécution de la présente loi, tant par l'employeur que par le salarié, sont déduites du total du revenu de ceux-ci pour l'assiette des impôts sur les revenus et de l'impôt général sur le revenu.

« *Art*. 55. — Les versements pour assurance et les avantages qu'ils garantissent sont suspendus pendant la période du service militaire ou en cas d'appel sous les drapeaux. Toutefois, l'assuré qui, à son départ, remplissait les conditions prévues à l'article 10,

pourra recevoir éventuellement la pension d'invalidité si la réforme
est prononcée pour maladie ou infirmité contractée en dehors du
service et ne donne pas lieu à l'attribution d'une pension militaire. En outre, l'assuré qui remplissait les conditions réglementaires confère à ses ayants droit le bénéfice des prestations prévues
aux articles 9, 19 et 20. »

« *Art*. 56. — 1. Les droits accordés aux salariés par la présente
loi ne peuvent avoir pour conséquence de réduire les avantages
dont ils peuvent bénéficier en vertu des dispositions légales sur les
allocations familiales. Les versements patronaux auxquels l'application de la loi susvisée donne lieu demeurent obligatoires; mais
leur taux pourra être réduit dans la proportion correspondant au
montant des allocations stipulées à l'article 20. Le règlement général d'administration publique déterminera les conditions de ces
réductions éventuelles.

« 2. Les avantages supplémentaires constitués par les employeurs en cas de maladie, maternité, décès, vieillesse ou invalidité, au profit de leur personnel et avec la participation des
intéressés, sont, en ce qui concerne le personnel assuré par la présente loi, garantis soit par une des caisses agréées ou fonctionnant conformément aux paragraphes 1er et 3 de l'article 44, soit,
pour les risques de capitalisation, par une des caisses prévues à
l'article 26, paragraphe 4, soit, pour les risques de répartition, par
une des caisses primaires de l'article 26, paragraphe 2, ou par
l'organisme fondateur de ces caisses en ce qui concerne les assurés
affiliés à cet organisme, soit par les caisses départementales, soit
par la caisse nationale de retraites pour la vieillesse, soit par la
caisse nationale d'assurances en cas de décès : à cet effet, ces
diverses caisses tiennent des écritures distinctes. »

« *Art*. 57. — L'assuré qui reçoit une pension de vieillesse ou
d'invalidité au moins égale à 600 fr. ne peut se prévaloir de la loi
du 14 juillet 1905 sur l'assistance aux vieillards, infirmes et incu-
rables. Il en est de même de l'assuré qui recevrait une pension au
moins égale à ce minimum s'il n'avait effectué ses versements à
capital réservé ou s'il n'avait réclamé le bénéfice de l'article 18.
Toutefois, les communes où le secours attribué aux assistés est
supérieur à la pension que reçoit l'assuré, doivent accorder à ce
dernier, en droit d'être assisté, le bénéfice d'une bonification complémentaire destinée à rétablir l'équivalence. Cette bonification
reste à leur charge. »

« *Art*. 58. — Ainsi modifié :
« L'assuré conserve le bénéfice des dispositions des lois sur
l'assistance ou l'encouragement national aux familles nombreuses. »

« *Art*. 59. — Ainsi modifié :

« 1. Pour les assurés notoirement indigents, inscrits sur la liste
prévue ci-après, il ne sera prélevé aucun pourcentage de participation aux frais médicaux et pharmaceutiques en cas de maladie,
grossesse et invalidité.
« Il sera établi une liste spéciale de ces assurés, conformément
à l'article 12 de la loi du 15 juillet 1893; cette liste sera communi-
quée pour avis à la caisse primaire.
« Les dépenses de ce service seront tarifées conformément à la
loi du 9 avril 1898 sur les accidents du travail et supportées pour

80 p. 100 par la caisse primaire et pour 20 p. 100 par la commune du domicile de secours.

« Les dispositions ci-dessus sont applicables aux membres de la famille de l'assuré inscrit sur ladite liste spéciale.

« 2. Les femmes assurées qui ont droit aux prestations en cas de maternité ne peuvent se réclamer des dispositions des lois des 17 juin et 30 juillet 1913, des 23 janvier et 4 décembre 1917 et du 24 octobre 1919 sur l'assistance aux femmes en couches.

« *Art.* 60. — Ainsi modifié :

« 1. L'assuré victime d'un accident du travail, tout en bénéficiant des dispositions de la loi du 9 avril 1898, conserve pour toute maladie qui n'est pas la conséquence de l'accident, ainsi qu'en cas de grossesse, ses droits aux prestations de la présente loi pour lui, son conjoint et les personnes à sa charge, pourvu qu'il ait cotisé soixante jours dans les trois mois ou deux cent quarante jours dans les douze mois qui précèdent l'accident.

« Toutefois, l'assuré ne pourra cumuler le demi-salaire dû en vertu de la loi du 9 avril 1898 et l'indemnité journalière prévue par l'article 5 ou par l'article 9 de la présente loi. A partir de la guérison ou de la consolidation de la blessure résultant de l'accident du travail, il recevra l'allocation journalière de l'article 5 ou de l'article 9 de la présente loi, sans déduction du délai de carence si, à cette date, la maladie remonte à plus de six jours.

« 2. Le titulaire d'une rente allouée en vertu de ladite législation, dont l'état d'invalidité subira une aggravation imputable à une cause autre que celle qui a ouvert le droit à la rente, peut réclamer le bénéfice de l'assurance-invalidité si le degré total d'incapacité atteint au moins 66 p. 100, et si la rente accident est inférieure à la pension à laquelle l'assuré aurait droit en vertu des articles 10, 11 et 12 de la présente loi. Dans ce cas, la pension d'assurance est liquidée pour un montant égal à la différence entre la pension, calculée comme il est dit à l'article 10, et la rente-accident.

« 3. L'assuré atteint par une maladie professionnelle dans les conditions prévues par la loi du 25 octobre 1919 pourra, s'il le désire, s'adresser, pour obtenir les soins nécessaires à son état, à la caisse d'assurance-maladie à laquelle il est affilié en vertu de la présente loi. Dans ce cas, la caisse sera tenue de lui délivrer des prestations et elle sera de ce fait subrogée dans les droits de l'assuré vis-à-vis du ou des employeurs tenus à la garantie du risque professionnel, contre lesquels elle conservera tous les recours utiles. »

« *Art.* 61. — Lorsque, sans rentrer dans les cas régis par les dispositions législatives applicables aux accidents du travail, l'accident ou la blessure dont l'assuré est victime est imputable à un tiers, la caisse d'assurances est subrogée de plein droit à l'intéressé dans son action contre le tiers responsable, pour le remboursement des dépenses que lui occasionne l'accident ou la blessure, sous réserve, pour l'assuré ou ses ayants droit, de tous droits de recours en réparation du préjudice causé, conformément aux règles de droit commun.

« *Art.* 62. — 1. Les pièces exclusivement relatives à l'exécution de la présente loi sont délivrées gratuitement et dispensées des droits de timbre et d'enregistrement. Les droits d'enregistrement et autres à percevoir sur les libéralités faites aux organismes d'assurances sociales seront les mêmes que ceux perçus pour les libéralités faites aux hôpitaux, hospices et bureaux de bienfaisance.

« 2. Les jugements ou arrêts, ainsi que les extraits, copie, grosses ou expéditions qui en sont délivrés, et généralement tous les actes de procédure auxquels donne lieu l'application de la présente loi, sont également dispensés des formalités de timbre et d'enregistrement. Ils portent la mention expresse qu'ils sont faits en exécution de ladite loi.

« 3. Dans tous les cas où les règlements actuels n'accordent pas déjà la franchise postale, les objets de correspondance adressés ou reçus, pour l'exécution de la loi, par les services des assurances sociales et les mairies, les commissions ou conseils prévus par la préente loi, la caisse générale de garantie, les caisses d'assurances et les fonctionnaires du ministère du travail et du ministère des finances, circuleront en franchise. La dépense en résultant fera l'objet d'un forfait dont le montant, fixé annuellement par la loi de finances, sera remboursé au budget des postes, télégraphes et téléphones par le fonds de majoration et de solidarité.

« 4. Sont exemptées du droit de timbre les affiches, imprimées ou non, apposées par les organismes d'administration ou de gestion des assurances sociales, ayant pour objet exclusif la vulgarisation de la loi, ainsi que la publication de comptes rendus et conditions de fonctionnement de ces organismes. »

« *Art.* 63. — Ainsi modifié :

« 1. Les difficultés, autres que celles prévues à l'article 7, auxquelles donne lieu l'exécution de la présente loi, sont soumises, par lettre recommandée, à une commission cantonale composée du juge de paix président, d'un employeur et d'un assuré assistés du greffier du juge de paix.

« 2. Dans la première quinzaine de chaque année, l'Office départemental ou interdépartemental choisira par canton les employeurs et assurés appelés au nombre de huit, dont quatre employeurs et quatre assurés, à faire partie, durant l'année, de ladite commission, ainsi que deux suppléants par canton.
« La mission de chacun d'eux durera trois mois.
« Ils seront convoqués par le greffier du juge de paix, sur l'ordre de celui-ci, par lettre recommandée avec accusé de réception, le tout circulant en franchise, au moins huit jours avant celui de l'audience de la commission.
« Tout employeur ou assuré, membre titulaire ou suppléant, qui ne se sera pas rendu à la convocation dont il aura été l'objet, et sans donner de son absence une excuse jugée légitime, sera condamné par le juge de paix, président, à une amende de 5 à 10 fr. par chaque absence non justifiée.

« 3. La commission cantonale ainsi constituée connaîtra en premier ressort de tous les litiges visés au paragraphe 1er du présent article.
« Elle pourra ordonner la comparution personnelle des parties; elle fera tous ses efforts pour les concilier; en cas de non-conciliation, elle statuera.

« 4. Ses décisions seront toujours susceptibles d'appel devant le tribunal civil dont relèvera le juge de paix, président de la commission.

« L'article 443 du code de procédure civile est applicable aux formalités de l'appel; toutefois, le délai dans lequel celui-ci devra être interjeté sera d'un mois.

« 5. Le pourvoi en cassation ne pourra être formé que pour violation de la présente loi. »

« *Art.* 64. — Ainsi modifié :

« 1. L'employeur qui ne s'est pas conformé aux prescriptions des articles 1er, 2, 3 et 46 est poursuivi devant le tribunal de simple police à la requête du ministre du travail ou de la caisse générale de garantie; il est passible d'une amende de 5 à 15 fr. prononcée par le tribunal, sans préjudice de la condamnation par le même jugement au paiement de la somme représentant les contributions dont le versement lui incombait, lesquelles seront portées au compte de l'assuré. L'amende est appliquée autant de fois qu'il y a de personnes employées dans des conditions contraires aux prescriptions des articles 1er et 2, sans que le total des amendes puisse dépasser 500 fr.

« La première poursuite sera obligatoirement précédée d'un avertissement du service départemental ou interdépartemental des assurances sociales par lettre recommandée invitant l'employeur à se conformer à la loi dans les quinze jours.

« 2. En cas de récidive, le contrevenant sera poursuivi devant le tribunal correctionnel et puni d'une amende de 16 à 100 fr.

« 3. Il y a récidive lorsque, dans les douze mois antérieurs au fait poursuivi, le contrevenant a déjà subi une condamnation pour une contravention identique.

« 4. Le tribunal peut, en outre, dans ce cas, prononcer pour une durée de six mois à cinq ans :

« a) Son inéligibilité aux chambres de commerce, aux tribunaux de commerce, aux chambres d'agriculture et chambres de métier, aux conseils de prud'hommes;

« b) Son incapacité à faire partie des comités et conseils consultatifs constitués auprès du gouvernement.

« 5. Le tribunal peut ordonner, dans tous les cas, que le jugement de condamnation sera publié, intégralement ou par extraits, dans les journaux qu'il désignera et affiché dans les lieux qu'il indiquera, le tout aux frais du contrevenant, sans que le coût de l'insertion puisse dépasser 1.000 fr.

« 6. En cas de pluralité de contraventions entraînant les peines de la récidive, l'amende est appliquée autant de fois qu'on a relevé de nouvelles contraventions. Toutefois, le total des amendes ne peut dépasser 3.000 fr.

« *Art.* 65. — Ainsi modifié :

« 1. Est passible d'une amende de 16 à 500 fr. quiconque se rend coupable de fraude ou de fausse déclaration pour obtenir, ou faire obtenir, ou tenter de faire obtenir des prestations qui ne sont pas dues, sans préjudice des peines résultant de l'application d'autres lois s'il y échet.

« 2. Les employeurs sont tenus de recevoir à toute époque les inspecteurs mandatés par le ministre du travail et la caisse générale de garantie et les fonctionnaires du contrôle du ministère du travail, pour vérifier, dans les conditions qui seront déterminées par le règlement général d'administration publique, l'affiliation de leur personnel aux assurances sociales, le montant des salaires payés par eux et l'application régulière des dispositions concernant le versement des cotisations prévues aux articles 2 et 3. »

« 3. Les oppositions ou obstacles à ces visites ou inspections seront passibles des mêmes peines que celles prévues par le code du travail pour l'inspection du travail.

« *Art.* 66. — Sont passibles d'une amende de 100 à 2.000 fr. et d'un emprisonnement de six jours à deux mois :

« 1° Les administrateurs, directeurs, agents de toutes sociétés ou institutions recevant, sans avoir été indûment agréés ou autorisés à cet effet, les versements visés par la présente loi;

« 2° Les administrateurs, directeurs ou agents de tous les organismes d'assurance reconnus par la loi, en cas de fraude ou de fausse déclaration dans l'encaissement ou dans la gestion, le tout sans préjudice du retrait des autorisations ou agréments prévus à l'article 27, et sans préjudice du retrait des autorisations ou agréments prévus à l'article 27, et sans préjudice de plus fortes peines s'il y échet. »

« *Art.* 67. — Ainsi modifié :

« 1. Sera puni d'une amende de 100 à 2.000 fr. et d'un emprisonnement de six jours à deux mois, ou de l'une de ces deux peines seulement, quiconque, soit par menaces ou abus d'autorité, soit par offres, promesses d'argent, ristourne sur les honoraires médicaux ou fournitures pharmaceutiques, faits à des assurés ou à des caisses d'assurances ou à toute autre personne, aura attiré ou tenté d'attirer ou de retenir les bénéficiaires de la présente loi, notamment dans une caisse d'assurances sociales, dans une clinique ou cabinet médical, dentaire, ou officine de pharmacie.

« 2. Le maximum des deux peines sera toujours appliqué au délinquant lorsqu'il aura déjà subi une condamnation pour la même infraction et le tribunal pourra ordonner l'insertion du nouveau jugement dans un ou plusieurs journaux de la localité, le tout aux frais du condamné, sans que le coût de l'insertion puisse dépasser 1.000 fr.

« 3. Les médecins, chirurgiens, sages-femmes et pharmaciens peuvent être exclus des services de l'assurance en cas de fausse déclaration intentionnelle. S'ils sont coupables de collusion avec les assurés, ils sont passibles, en outre, d'une amende de 100 à 2.000 fr. et d'un emprisonnement de six jours à trois mois, ou de l'une de ces deux peines seulement, sans préjudice de plus fortes peines s'il y échet. »

« *Art.* 38. — Ainsi modifié :

« 1. Le ministre est chargé d'assurer, par ses services d'administration centrale, l'application de la présente loi. Dans les départements, un service départemental ou exceptionnellement interdépartemental des assurances sociales, placé sous l'autorité du ministre, concourt à cette application.

« 2. Le contrôle général de l'application de la présente loi est confié au service actuel de contrôle des retraites fonctionnant auprès du ministre du travail.

« 3. Le ministre du travail établit la statistique de toutes les opérations effectuées en exécution de la présente loi et en résume les résultats dans un rapport annuel qui est adressé au Président de la République et qui rend compte de l'application générale de la loi.

« Ce rapport est publié au « Journal Officiel » et distribué aux Chambres.

« 4. Les services départementaux des assurances sociales seront constitués par les services actuels des retraites ouvrières réorganisés et accrus suivant les besoins. Le directeur et le personnel seront nommés par arrêté du ministre.

« 5. Les services départementaux assurent l'application de la loi et, notamment, l'immatriculation et la radiation des assurés, ainsi que la délivrance des cartes individuelles d'assurances sociales. Ils reçoivent les déclarations d'affiliation, bordereaux et pièces de versements des contributions, remis ou adressés par les employeurs, et les transmettent, après vérification, aux organismes intéressés. Ils contrôlent le versement et provoquent le créditement, par la caisse des dépôts et consignations, des sommes revenant aux diverses caisses d'assurances et à la caisse générale de garantie. Ils établissent la liste sur laquelle sont choisis les membres de la commission prévue à l'article 63. Ils surveillent, en liaison avec la caisse générale de garantie, l'emploi des dépenses imputables sur le fonds de majoration et de solidarité. Ils restent chargés de la liquidation des pensions des retraites ouvrières.

« 6. Les frais de fonctionnement des divers services et caisses qui concourent à l'application de la loi sont, dans la limite maximum de 5 p. 100 du montant total de toutes les cotisations et subventions de l'article 81, supportés par le fonds de majoration et de solidarité.

« 7. Il est formé, auprès du ministre du travail et sous sa présidence, un conseil supérieur des assurances sociales, chargé de l'examen de toutes les questions se rattachant au fonctionnement de la présente loi.

« 8. Le conseil supérieur des assurances sociales est présidé par le ministre du travail; il comprend :

« 1 sénateur et 2 députés, élus par leurs collègues;

« 4 représentants du ministère du travail;

« 2 représentants du ministère des finances;

« Le directeur général de la caisse des dépôts et consignations;

« Le président du conseil d'administration et le directeur général de la caisse générale de garantie;

« 1 représentant du ministère de l'agriculture;

« 1 représentant de l'office national des mutilés et réformés de la guerre désigné par cet office;

« 1 représentant de l'office national des anciens combattants désigné par cet office;

« 10 représentants élus par les membres des conseils d'administration des caisses primaires, dont 8 assurés et 2 employeurs;

« 10 représentants élus par les membres des conseils d'administration des unions départementales ou interdépartementales des caisses d'assurances sociales pour la réassurance, dont 8 assurés et 2 employeurs;

« 3 représentants élus par les membres des conseils d'administration des sociétés de secours mutuels visés à l'article 75, paragraphes 1er et 3, dont 1 assuré obligatoire, 1 assuré facultatif et 1 employeur;

« 2 délégués des commissions administratives des hôpitaux et hospices publics désignés par les représentants de ces commissions administratives dans les commissions départementales instituées à l'article 7, paragraphe 5, de la présente loi;

« 2 délégués du conseil supérieur des sociétés de secours mutuels élus par ce conseil;

« 2 délégués des groupements professionnels de médecins;

« 1 délégué des groupements professionnels de chirurgiens-dentistes;

« 1 déléguée des groupements professionnels de sages-femmes;

« 1 délégué des groupements professionnels de pharmaciens;

« 3 personnes connues pour leurs travaux sur les questions d'assurances, de prévoyance sociale ou de chômage, nommées par le ministre du travail.

« Tous ces membres sont nommés pour quatre ans.

« 9. Le conseil supérieur des assurances sociales élit dans son sein une section permanente dans les conditions fixées par un décret contresigné par le ministre du travail.

« La section permanente donne son avis sur les questions qui lui sont renvoyées soit par le conseil supérieur, soit par le ministre du travail. Elle se subdivise en quatre sous-sections : technique et financière, administrative et de garantie contre le chômage, juridique, médico-pharmaceutique. Cette dernière sous-commission comprendra au moins deux médecins et un pharmacien. »

« *Art.* 69. — 1. Il est créé pour l'application de la présente loi un fonds de majoration et de solidarité et un fonds de garantie et de compensation.

« 2. Le fonds de majoration et de solidarité est destiné à assurer le minimum légal des pensions d'invalidité et de vieillesse des caisses d'assurances, le remboursement des charges de famille et des dépenses pour la liquidation de la loi des retraites, dans les conditions fixées par la présente loi, à acquitter le montant de la cotisation patronale afférente aux salariés visés à l'article 1er, paragraphe 2, deuxième alinéa, et à faire face aux dépenses de toute nature d'administration et de gestion de tous les organismes et d'une façon générale à toutes les charges qui lui incombent en vertu de la loi.

« 3. Il participe, dans la mesure de ses disponibilités et suivant un pourcentage à fixer annuellement par décret, aux dépenses résultant pour les assurés obligatoires : des versements effectués en vertu de l'article 5, paragraphe 3, par les caisses d'assurances aux lieu et place des assurés bénéficiaires de l'assurance-maladie; des frais médicaux et pharmaceutiques à prévoir en faveur des pensionnés depuis plus de cinq ans pour invalidité et, dans les conditions fixées à l'article 18, paragraphe 2, en faveur des retraités des assurances sociales.

« 4. Il majore les prestations des assurés facultatifs dans les conditions de l'article 41 et des assurés des professions agricoles et assimilées dans les conditions du titre VI.

« 5. Il est alimenté :

« 1º Par un prélèvement effectué sur toutes les cotisations d'assurés obligatoires et facultatifs, destiné notamment à lui permettre de faire face aux frais de gestion et aux charges de famille dont la quotité sera fixée chaque année par décret;

« 2° Par une contribution annuelle de l'Etat dont le montant, correspondant aux obligations actuellement à sa charge au titre des retraites ouvrières et paysannes, est fixé forfaitairement à 540 millions de francs par an. Cette contribution est payable par quart, le premier versement aura lieu le 1ᵉʳ juillet 1930;

« 3° Par un prélèvement : a) sur les cotisations affectées à l'assurance-vieillesse, dans les conditions déterminées par l'article 14 et dont le produit est affecté à la garantie du minimum des pensions; b) sur la cotisation affectée à l'assurance-décès et destinée à garantir le minimum fixé par l'article 19, paragraphe 2; la quotité des prélèvements prévus au présent paragraphe sera fixée annuellement par décret;

« 4° Par le montant en principal et décimes des amendes visées aux articles 64 à 67;

« 5° Par la portion non employée annuellement du revenu visé à l'article 4 de la loi du 31 décembre 1895;

« 6° Par les arrérages atteints par la prescription quinquennale et par les capitaux réservés non remboursés aux ayants droit des assurés décédés depuis plus de cinq ans;

« 7° Par les contributions patronales dues en vertu de l'article 2, paragraphe 7, et de l'article 3, et par les contributions patronales et ouvrières afférentes aux salariés étrangers ne bénéficiant pas des dispositions des paragraphes 4 et 5 de l'article 1ᵉʳ;

« 8° Par les versements provenant des excédents d'actif des caisses d'assurances en vertu de l'article 45;

« 9° Par le versement annuel opéré par l'Etat, les départements et communes, et représentant pour l'Etat la totalité et pour les départements et les communes la moitié des économies réalisées par eux, du fait de l'application des assurances sociales, sur la moyenne des crédits inscrits pour faire face aux dépenses d'assistance pendant les cinq dernières années précédant celle où la présente loi entre en application. Les dépenses nouvelles que ces collectivités engageront pour l'assistance n'entreront pas en compte pour la fixation du montant desdites économies. Le règlement général d'administration publique déterminera les bases d'après lesquelles seront décomptées ces économies et les modalités de recouvrement de la contribution des départements et des communes et du montant de la part de l'Etat;

« 10° Par les sommes à provenir de l'actif du fonds de réserve dont le transfert est prévu à l'article 46;

« 11° Par un prélèvement de 10 p. 100 sur les cotisations affectées aux assurances décès, invalidité, vieillesse des assurés facultatifs, en vertu des dispositions de l'article 41, paragraphe 1ᵉʳ; pour les femmes d'assurés non salariées visées au paragraphe 4 de l'article 43, ce prélèvement sera fixé à 20 fr. par an;

« 12° Par les ressources à provenir de l'application, à partir de 1932, des dispositions prévues par l'article 23 pour le paiement des cotisations en cas de chômage et pour faire face aux dépenses de fonctionnement correspondantes, lesquelles doivent être complètement distinctes de celles afférentes à la garantie des autres risques;

« 13° Par les affectations spéciales suivantes :

« Sur la part de la redevance supplémentaire des bénéfices de la Banque de France, attribuée au Trésor, conformément à la loi du 19 décembre 1926 (art. 66, § 5), et sur la part attribuée à l'Etat sur le produit des jeux par application de l'article 14 de la loi de finances du 19 décembre 1926. Le montant de cette double affectation sera fixé annuellement par la loi de finances sans que le montant puisse dépasser cinq millions;

« 14° Par les recettes diverses affectées audit fonds, notamment par les articles 33 et 41;

« 15° Par les dons et legs qui peuvent être faits avec affectation audit fonds;

« 16° Par le remboursement par l'Etat des dépenses mises à la charge du fonds de majoration et de solidarité en vertu de l'article 15, paragraphe 3, et de l'article 18, paragraphe 2. »

« *Art.* 70. — Ainsi modifié :

« Le fonds de garantie et de compensation est destiné à couvrir éventuellement les insuffisances annuelles de recettes des caisses d'assurances et à parer à leur insolvabilité. Il est alimenté :

« 1° Par un versement de 2 p. 1000 de toutes les cotisations reçues par les caisses d'assurances; ce taux pourra être abaissé ultérieurement par décret et lorsqu l'avoir dudit fonds atteindra la somme de 100 millions;

« 2° Par les versements prévus aux articles 14, 32 et 33. »

« *Art.* 71. — Ainsi modifié :

« 1. Le fonds de majoration et de solidarité et le fonds de garantie et de compensation sont gérés par la caisse générale de garantie créée par la présente loi. Cette caisse relève du ministre du travail; elle jouit de la personnalité civile et de l'autonomie financière et est représentée en justice par son directeur général nommé par décret rendu sur la proposition du ministre du travail.

« 2. Elle est administrée par un conseil présidé par le président de la section des finances du conseil d'Etat et comprenant en outre 20 membres dont 14 représentants des conseils d'administration des unions départementales et interdépartementales pour la réassurance, et des caisses primaires, élus dans les conditions déterminées par le règlement général d'administration publique; 2 membres désignés par le conseil supérieur des assurances sociales; 2 représentants du ministre du travail; 2 représentants du ministre des finances. Ce même règlement fixera le fonctionnement administratif et financier de la caisse générale de garantie dont les frais seront prélevés sur le fonds de majoration et de solidarité et le fonds de garantie et de compensation.

« 3. Les dispositions des articles 29, 30 et 31, relatifs au contrôle de l'Etat, à la gestion, ainsi qu'au placement des fonds, sont applicables à la caisse générale de garantie.

Les articles 72 à 84 ci-après sont ajoutés à la loi du 5 avril 1928, modifiée par celle du 5 août 1929, sur les assurances sociales :

TITRE VI

DISPOSITIONS SPÉCIALES AUX PROFESSIONS AGRICOLES

« *Art.* 72. — Les dispositions spéciales qui suivent s'appliquent, dans les conditions prévues aux articles 2 et 37, aux salariés des professions agricoles et forestières régies par les lois des 30 juin 1899, 15 décembre 1922, 30 avril 1926 sur les accidents du travail, ainsi qu'aux salariés des artisans ruraux, visés par l'article 9 du décret du 9 février 1921, et des entrepreneurs de battage et de travaux agricoles adhérents ou non d'un syndicat agricole et, en ce qui concerne l'assurance facultative, aux employeurs desdits salariés et auxdits artisans. »

« *Art.* 73. — 1. Les membres de la famille de l'exploitant agricole, lorsqu'ils habitent avec lui et travaillent habituellement chez lui et pour son compte, sans recevoir de rémunération en argent. ne rentrent pas dans la catégorie des assurés obligatoires.

« 2. Les métayers travaillant ordinairement seuls, avec l'aide de membres de leur famille : conjoint, ascendants, descendants, frères, sœurs, collatéraux, et ne possédant à leur entrée dans l'exploitation aucune partie du cheptel, sont assimilés aux salariés.

« 3. Les propriétaires de corps de biens donnés à métayage aux conditions du précédent alinéa sont assimilés aux employeurs.

« 4. Dans les cas où il existe un fermier général, il est substitué au propriétaire. »

« *Art.* 74. — 1. Les salariés agricoles et les métayers assurés obligatoires sont rangés dans les catégories prévues au paragraphe 2 de l'article 2, d'après le salaire moyen journalier fixé dans les conditions indiquées pour l'application de l'article 8 de la loi du 15 décembre 1922 sur les accidents du travail.

« La cotisation est due moitié par l'assuré, moitié par l'employeur, le propriétaire ou le bailleur de fonds et égale, pour chaque catégorie, au quart de la cotisation totale figurant au tableau contenu dans l'article 2 susvisé. Elle est entièrement affectée à l'assurance-vieillesse et capitalisée au compte individuel ouvert à l'intéressé dans une caisse autonome d'assurance-vieillesse constituée en application de l'article 27 de la loi du 1er avril 1898, ou, à défaut, à la caisse nationale des retraites pour la vieillesse, sous la réserve prévue à l'article 78.

« Les caisses d'assurances et de réassurances mutuelles agricoles, régies par la loi du 4 juillet 1900, ainsi que les syndicats agricoles autorisés à cet effet, pourront se charger, pour le compte de l'employeur d'effectuer les opérations de versements afférentes au paiement de la double contribution.

« Les employés des syndicats agricoles, des coopératives agricoles et autres groupements professionnels agricoles sont considérés comme salariés agricoles.

« 2. La caisse générale de garantie, sur les indications du service départemental ou interdépartemental, verse chaque année à un fonds spécial ouvert dans ses écritures, une somme égale à 80 p. 100 des cotisations des assurés de plus de trente ans. La caisse générale de garantie gère ledit fonds sous l'autorité d'un conseil d'administration spécial constitué conformément à l'article 71, paragraphe 2, mais dans lequel les organismes, faisant application du présent article ou de l'article 75, posséderont les deux tiers des sièges.

« 3. Les minima de pensions prévus à l'article 15 sont garantis aux assurés obligatoires de l'agriculture, sauf s'ils ont demandé l'application de l'article 78. Au cas où le fonds spécial, prévu au paragraphe précédent, serait insuffisant pour y faire face, la charge supplémentaire devrait être supportée par le fonds de majoration et de solidarité. »

« *Art.* 75. — 1. Les salariés des professions agricoles et les métayers visés à l'article 73, paragraphe 2, doivent s'affilier, ou être affiliés, pour la maladie, la maternité et le décès, à une société de secours mutuels approuvée ou section de société de secours mutuels approuvée composée exclusivement d'assurés des professions agricoles. A défaut, ils sont affiliés d'office à la section agricole de la caisse primaire départementale et interdépartementale. La cotisation destinée à couvrir ces risques est fixée par les statuts de chaque société et ne sera obligatoire que jusqu'à concurrrence de 5 fr. par mois à la charge de l'employeur et de 5 fr. à la charge de l'employé.

« 2. Le fonds de majoration et de solidarité majore de 10 fr. par mois la double contribution du salarié et de l'employeur.

« 3. Les sociétés de secours mutuels faisant application des dispositions du présent article sont tenues de se réassurer à des unions autorisées.

« Les mutuelles affiliées à ces unions sont tenues en outre de verser 5 p. 100 des cotisations, contributions et majorations visées au présent article et à l'article 80, paragraphe 2, à la caisse générale de garantie, pour constituer un fonds de secours destiné à attribuer des subventions, à titre exceptionnel, aux sociétés ou unions qui, par suite d'épidémies ou de toute autre cause de force majeure, se trouvent momentanément hors d'état de remplir leurs engagements.

« Ledit fonds de secours sera géré par les représentants des unions agricoles nationales dans les conditions à fixer par un décret contresigné par les ministres du travail et de l'agriculture.

« 4. Les sociétés de secours mutuels faisant application du présent article et de l'article 80, tiennent une comptabilité séparée pour les opérations correspondantes.

« 5. L'acquittement de la double contribution visée aux articles 74, paragraphe premier, et 75, paragraphe premier, est effectué dans les conditions fixées par l'article 2, paragraphe premier, et sous les sanctions prévues à l'article 64. »

« *Art.* 76. — Les caisses autonomes d'assurance-vieillesse spéciales aux assurés des professions agricoles et, par dérogation aux dispositions de l'article 20 de la loi du 1er avril 1898, les sociétés de secours mutuels faisant application des articles 75 et 80 de la présente loi peuvent, dans la limite de l'encaisse autorisée, effectuer les dépôts à vue dans les institutions de crédit agricole constituées conformément à la loi du 5 août 1920 et contrôlées par l'Etat. »

« *Art.* 77. — Les mêmes organismes peuvent être autorisés à placer leurs disponibilités et leurs fonds de capitalisation afférents à l'assurance sociale agricole, à concurrence de 50 p. 100, dans les ins-

titutions de crédit agricole visées à l'article précédent, qui en dispo-
seront pour des prêts à court, moyen et long terme. Ces placements
seront assujettis aux conditions générales fixées par l'article 31 et
notamment par l'alinéa 8 du paragraphe premier, 2°, dudit article. »

« *Art.* 78. — Les salariés de professions agricoles qui cessent de
bénéficier de l'assurance obligatoire peuvent obtenir le rachat de
leur contrat d'assurance-vieillesse pour réaliser l'acquisition, ainsi
que l'aménagement, la transformation ou la reconstitution d'exploi-
tations rurales et d'ateliers et habitations de travailleurs ou artisans ruraux leur appartenant, 'ils sont âgés de moins de quarante
ans, et sous réserve d'une visite médicale favorable. La valeur de
rachat du contrat est égale aux six huitièmes du capital constitutif
des rentes éventuelles inscrites au compte individuel d'assurance-
vieillesse de l'intéressé, un huitième étant maintenu audit compte
individuel. »

« *Art.* 79. — 1. A titre transitoire, les caisses locales d'assurances mutuelles agricoles et les caisses de réassurances régies par
la loi du 4 juillet 1900 sont habilitées de plein droit, après décision
conforme de leur assemblée générale, et sans avoir à prendre de
nouvelles dispositions statutaires, à couvrir au moyen de sections
spéciales l'assurance et la réassurance des risques-maladie, maternité et décès pour leurs adhérents, les membres de la famille et les
ouvriers de ces adhérents.

« 2. Les sections prévues au paragraphe ci-dessus n'ont pas de
personnalité distincte de la société fondatrice dont elles font partie,
mais elles ont une gestion financière indépendante; les recettes et
les dépenses font l'objet d'un budget spécial.

« 3. Dans le délai maximum d'un an, ces sections devront, conformément aux dispositions des articles 74 et 75 de la présente loi,
se transformer en sociétés de secours mutuels ou unions de sociétés
de sociétés de secours mutuels régies par la loi du 1er avril 1898.

« 4. Jusqu'à cette transformation, les sections spéciales prévues
ci-dessus seront administrées par le conseil d'administration des
sociétés fondatrices.

« 5. Les salariés des professions agricoles déjà couverts, pour les
risques prévus par les lois du 15 décembre 1922 et du 30 avril 1926
sur les accidents du travail agricole, par une caisse d'assurance
mutuelle agricole régie par la loi du 4 juillet 1900, sont présumés
adhérer à la section d'assurances sociales créée par cette caisse,
sauf désignation contraire de leur part exprimée au plus tard un
mois avant la date de mise en vigueur de la présente loi. Toutefois,
cette présomption d'affiliation ne pourra s'exercer en faveur des
assurés agricoles déjà inscrits dans une société de secours mutuels
à la date du 1er avril 1930 et bénéficiant de la présomption d'affiliation à la caisse d'assurances à laquelle se rattache cette société
selon l'article 26, paragraphe 3.

« 6. L'adhésion aux sections spéciales visées ci-dessus emporte de
plein droit l'adhésion à la caisse autonome de retraites à laquelle
ces sections se rattachent pour la garantie des risques de capitalisation. »

« *Art.* 80. — 1. Pour les assurés facultatifs des professions agricoles inscrits à l'assurance-vieillesse, qui effectueront au moins un
versement annuel de 60 fr., le fonds de majoration et de solidarité

doublera les versements sans que toutefois cette contribution puisse dépasser 100 fr. par an.

« 2. Si, d'autre part, ces assurés cotisent à une société de secours mutuels faisant application de l'article 75 ci-dessus, pour tout ou partie des risques prévus au paragraphe premier de cet article, le fonds de majoration et de solidarité majorera leur cotisation de 100 p. 100 au moyen d'une contribution pouvant atteindre 10 fr. par mois.

« 3. Ces majorations seront allouées par l'intermédiaire des caisses autonomes, pour l'assurance-vieillesse, et des unions, pour l'assurance-vieillesse, et des unions de sociétés de secours mutuels visées à l'article 75, paragraphe 3, pour les risques maladie, maternité et décès.

« *Art.* 81. — En vue d'assurer le payement des majorations fixées par les articles 74, paragraphe 2, 75, paragraphe 2, et 80 en faveur des assurés des professions agricoles, l'Etat versera au fonds de majoration et de solidarité, à partir du 1er avril 1932, une subvention annuelle égale à la charge imposée par ces majorations. Cette subvention sera inscrite à un chapitre distinct du budget du ministère du travail et versée, suivant les modalités à fixer par un décret contresigné par les ministres du travail, des finances et de l'agriculture.

« *Art.* 82. — 1. Par dérogation transitoire aux dispositions de l'article 31 et pendant trois ans seulement à dater de l'application de la loi, la caisse générale de garantie pourra se procurer des avances auprès de la caisse nationale des retraites pour la vieillesse et des autres caisses d'assurances chargées de la gestion du risque-vieille, dans la limite des sommes annuellement nécessaires pour permettre au fonds de majoration et de solidarité de faire face à ses obligations définies par les articles 75 et 80.

« 2. Ces avances seront consenties sur justifications d'emploi.

« 3. La durée du remboursement de chaque avance ne pourra, en aucun cas, être supérieure à quarante-cinq ans à compter de l'année suivant celle dans laquelle ladite avance aura été réalisée.

« 4. Le taux d'intérêts des avances sera égal à celui des placements effectués par la caisse des dépôts et consignations en application des dispositions de l'article 31, paragraphe premier, de la présente loi, pendant le trimestre précédant la réalisation des avances, à l'exception des emplois à court terme.

« 5. Chaque avance donnera lieu à la remise d'obligations représentatives d'annuités calculées dans les conditions de durée et de taux prévues au paragraphes 3 et 4 ci-dessus.

« 6. Sous réserve de son droit de se libérer à toute époque par anticipation, la caisse générale de garantie prélèvera obligatoirement et par priorité le montant de chaque annuité en capital et intérêts à verser aux caisses d'assurances sur les disponibilités que laissera, après payement des allocations et bonifications des retraites ouvrières, la dotation de l'Etat de 540 millions prévue à l'article 69, paragraphe 5, 2e alinéa.

« 7. Le chiffre total des avances à la caisse générale de garantie ne pourra être supérieur à 1.200 millions de francs.

« 8. Un décret contresigné par les ministres des finances et du travail fixera les modalités suivant lesquelles ces avantages seront consentis par chacune des caisses intéressées.

« *Art. 83.* — Par dérogation à l'article 35, les assurés agricoles inscrits à la section agricole de la caisse départementale pourront s'en retirer pendant le délai d'un an à partir de la date d'application de la présente loi, pour adhérer à une société de secours mutuels agricole ou à une caisse autonome.

« *Art. 84.* — 1. Un règlement général d'administration publique, rendu sur la proposition du ministre du travail et des ministres intéressés, déterminera toutes les dispositions nécessaires à l'application de la présente loi, laquelle entrera en vigueur le 1er juillet 1930.

« 2. La présente loi ne sera applicable à l'Algérie et aux colonies que lorsque seront intervenus des règlements d'administration publique déterminant les conditions dans lesquelles son application pourra avoir lieu. »

Article 3.

1. Les services actuels et le personnel titulaire actuel de l'ancien office national des assurances sociales sont transférés à l'administration centrale du ministère du travail.

2. A partir du 1er juillet 1930, il ne sera plus consenti de nouvelles avances aux offices.

3. Sont abrogées toutes les dispositions législatives contraires à la présente loi.

La présente loi, délibérée et adoptée par le Sénat et par la Chambre des députés, sera exécutée comme loi de l'Etat.

Fait à Paris, le 30 avril 1930.

GASTON DOUMERGUE.

Par le Président de la République :

Le président du Conseil, ministre de l'Intérieur,

ANDRÉ TARDIEU.

Le ministre du Travail et de la Prévoyance sociale,

PIERRE LAVAL.

Le ministre des Finances,

PAUL REYNAUD.

Le ministre du Budget,

GERMAIN-MARTIN.

Le garde des Sceaux, ministre de la Justice,

RAOUL PÉRET.

Le ministre de l'Agriculture.

FERNAND DAVID.

6177 (6-30). — Imp. HENRY MAILLET, 3, rue de Châtillon, Paris